Ich lade Sie ein, von meinen Erfahrungen zu profitieren und die vielen nützlichen Informationen und Ratschläge in diesem Buch zu nutzen. Ihre finanzielle Reise beginnt jetzt, und gemeinsam werden wir die Werkzeuge und Strategien entdecken, die Ihnen helfen werden, finanziell erfolgreich zu sein.

I0422533

1.1 Warum Sparen und Haushaltsplanung wichtig sind

Warum ist Sparen und Haushaltsplanung überhaupt so wichtig? Diese Frage mag sich der ein oder andere von Ihnen stellen, und sie ist berechtigt. Lassen Sie uns gemeinsam einen genaueren Blick darauf werfen.

Sparen und Haushaltsplanung sind keine bloßen Finanzthemen, sie sind Lebenskompetenzen, die Ihre Zukunft maßgeblich beeinflussen können. Wenn wir uns das heutige wirtschaftliche Klima ansehen, geprägt von Unsicherheit und Veränderungen, wird deutlich, dass finanzielle Stabilität und Voraussicht unverzichtbar sind.

Stellen Sie sich vor, Sie könnten Ihre Finanzen so gestalten, dass Sie sich nicht länger von finanziellen Sorgen quälen lassen müssen. Sie könnten sich auf das konzentrieren, was wirklich wichtig ist: Ihre Träume und Ziele. Ob es darum geht, eine Weltreise zu unternehmen, ein Eigenheim zu erwerben, für die Bildung Ihrer Kinder vorzusorgen oder im Ruhestand ein sorgenfreies Leben zu führen - all dies hängt in erster Linie von Ihren finanziellen Entscheidungen ab.

Durch Sparen und eine sorgfältige Haushaltsplanung können Sie finanzielle Freiheit und Unabhängigkeit erreichen. Sie haben die Kontrolle über Ihr Geld und sind nicht länger Gefangene von Schulden und finanzieller Unsicherheit. Ihre Ersparnisse dienen nicht nur

Willkommen in diesem Buch über Sparen und Haushaltsplanung. Mein Name ist **Wesley Wagner**, und ich freue mich sehr, Sie auf dieser Reise zu begleiten.

Mit meinen 23 Jahren und meinem beruflichen Hintergrund als Bankkaufmann habe ich bereits früh in meinem Leben die Bedeutung einer soliden finanziellen Grundlage erkannt. Bereits seit meinem 17. Lebensjahr lebe ich eigenständig und organisiere meinen Haushalt selbst. Diese Erfahrung hat mich gelehrt, wie entscheidend es ist, die eigenen Finanzen in den Griff zu bekommen und kluge Entscheidungen zu treffen, um langfristige finanzielle Ziele zu erreichen.

Als junger Erwachsener habe ich oft erlebt, wie herausfordernd es sein kann, mit den Finanzen umzugehen. Die Verlockungen des Konsums, die Vielzahl von finanziellen Produkten und die Unsicherheit über die Zukunft können überwältigend sein. Doch ich habe auch erfahren, wie befriedigend und befreiend es sein kann, wenn man die Kontrolle über seine Finanzen übernimmt und finanzielle Unabhängigkeit anstrebt.

Genau aus diesem Grund habe ich mich dazu entschieden, dieses Buch zu schreiben. Ich möchte mein Wissen und meine Erfahrungen teilen, um Ihnen zu helfen, Ihre finanzielle Zukunft in die Hand zu nehmen. Egal, ob Sie gerade erst in die Welt des Geldmanagements eintauchen oder bereits auf dem Weg zu finanzieller Sicherheit sind - dieses Buch ist für Sie.

In den kommenden Kapiteln werden wir die Grundlagen der Haushaltsplanung, praktische Spartipps und langfristige Finanzplanung erkunden. Wir werden uns auch speziellen Situationen widmen, sei es das Leben als Single, als Teil einer Familie oder die Bewältigung finanzieller Notfälle.

als Sicherheitsnetz in Zeiten der Not, sondern auch als Hebel, um Ihre Träume zu verwirklichen.

Die Welt des Sparens und der Haushaltsplanung bietet nicht nur finanzielle Sicherheit, sondern auch die Freiheit, Ihre Lebensziele zu verwirklichen. Wir laden Sie herzlich dazu ein, mit uns auf dieser Reise zu gehen und die Macht des Sparens und der Haushaltsplanung für sich zu entdecken. Ihre finanzielle Reise beginnt hier, und wir sind bereit, Sie zu begleiten.

1.2 Ziele und Zielgruppe des Buches

Lassen Sie uns nun genauer betrachten, welche Ziele wir mit diesem Buch verfolgen und welche Zielgruppe wir ansprechen möchten.

Das Hauptziel ist es, Ihnen die Werkzeuge und das Wissen an die Hand zu geben, um Ihre finanziellen Ziele zu erreichen, ganz gleich, wie groß oder klein diese sein mögen. Ob Sie davon träumen, in naher Zukunft eine Reise zu unternehmen, Ihre Schulden abzuzahlen, ein Eigenheim zu erwerben, für die Ausbildung Ihrer Kinder vorzusorgen oder Ihren Ruhestand in vollen Zügen genießen zu können, ich möchte Ihnen helfen, diese Ziele zu verwirklichen. Mein Buch ist darauf ausgerichtet, Ihnen konkrete Schritte und Strategien aufzuzeigen, wie Sie diese Ziele definieren, planen und erreichen können.

Dabei habe ich bewusst eine breite Zielgruppe im Blick. Dieses Buch richtet sich an Menschen in verschiedenen Lebenssituationen, unabhängig von Alter, Einkommen oder Familienstand. Ob Sie gerade frisch in das

Berufsleben starten, mitten im Familienalltag stecken oder sich auf den wohlverdienten Ruhestand vorbereiten - die Prinzipien des Sparens und der Haushaltsplanung sind für jeden von uns von Bedeutung.

Für junge Erwachsene: Wenn Sie in Ihren 20ern oder 30ern sind, stehen Sie oft vor großen finanziellen Entscheidungen wie der Studienfinanzierung, dem Einstieg in die Arbeitswelt oder dem ersten Immobilienkauf. Ich zeige Ihnen, wie Sie von Anfang an kluge finanzielle Entscheidungen treffen können, die sich langfristig auszahlen.

Für Familien: Für Eltern und Familien ist die finanzielle Planung besonders wichtig. Ich biete Ihnen Ratschläge, wie Sie die Ausgaben für den Haushalt, die Kindererziehung und die langfristige finanzielle Sicherheit optimal gestalten können.

Für Singles: Auch wenn Sie alleinstehend sind, sind die Grundlagen des Sparens und der

Haushaltsplanung entscheidend. Ich zeige Ihnen, wie Sie Ihre finanzielle Unabhängigkeit aufbauen und langfristige Ziele erreichen können.

Für Senioren: Selbst im Ruhestand ist eine effektive Finanzplanung von Bedeutung. Ich gebe Ihnen Tipps, wie Sie Ihr Ruhestandseinkommen maximieren und sorgenfrei genießen können.

Mein Ziel ist es, Ihnen eine umfassende Anleitung zu bieten, die auf Ihre individuellen Bedürfnisse und Lebenssituationen zugeschnitten ist. Unabhängig davon, wo Sie sich gerade in Ihrem Leben befinden, sind die Prinzipien des Sparens und der Haushaltsplanung entscheidend, um finanzielle Stabilität und Freiheit zu erlangen. Ich lade Sie ein, sich mit uns auf diese Reise zu begeben und die Grundlagen für eine finanziell erfolgreiche Zukunft zu legen.

1.3 Wie das Buch aufgebaut ist

Damit Sie das Beste aus diesem Buch über Sparen und Haushaltsplanung herausholen können, ist es entscheidend, den Aufbau und die Struktur zu verstehen. Ich habe das Buch so konzipiert, dass es Ihnen einen klaren und schrittweisen Weg bietet, Ihre finanziellen Fähigkeiten zu entwickeln und zu stärken.

Einführung in die Grundlagen: Die ersten Kapitel des Buches dienen als solide Basis. Hier erfahren Sie, warum Sparen und Haushaltsplanung so entscheidend sind und welche Rolle sie in Ihrem Leben spielen können. Ich stelle mich vor und geben Ihnen einen Einblick in die Ziele und die Zielgruppe dieses Buches.

Die Grundlagen der Haushaltsplanung: In diesem Abschnitt tauchen wir tiefer in die Grundlagen der Haushaltsplanung ein. Ich zeige Ihnen, wie Sie ein Budget erstellen, Ihre

Einnahmen und Ausgaben verwalten und realistische Sparziele setzen können. Sie erfahren auch, wie Sie zwischen notwendigen und unnötigen Ausgaben unterscheiden und effektiv mit Schulden umgehen können.

Praktische Spartipps: Hier bieten wir eine Fülle von praktischen Tipps und Strategien, um Ihre finanzielle Situation zu optimieren. Ich decke verschiedene Lebensbereiche ab, angefangen bei Lebensmitteln und Einkäufen über Energie- und Wohnkosten bis hin zu Transport und Unterhaltung. Sie werden lernen, wie Sie Versicherungen und Finanzprodukte klug auswählen und nutzen können, um Geld zu sparen.

Haushaltsplanung in der Praxis: Dieser Abschnitt zeigt Ihnen, wie Sie Ihre Haushaltsplanung in die Praxis umsetzen können. Ich stelle Ihnen Tools und Software vor, die Ihnen bei der Verwaltung

Ihres Budgets helfen, und erläuter den Unterschied zwischen monatlichen und jährlichen Budgets. Sie erfahren, wie Sie Ihr Budget anpassen und überwachen können und wie Sie unvorhergesehene Ausgaben bewältigen.

Langfristige Finanzplanung: Die langfristige finanzielle Sicherheit ist entscheidend, und in diesem Abschnitt geht es darum, wie Sie Altersvorsorge aufbauen und in Investitionen sinnvoll stecken können. Wir diskutieren auch die Finanzplanung für Bildungsfonds und Sparziele für Kinder sowie die steuerlichen Aspekte der langfristigen Finanzplanung.

Tipps für besondere Lebenssituationen: Jeder hat einzigartige finanzielle Herausforderungen und Ziele. In diesem Abschnitt bieten wir spezielle Tipps für verschiedene Lebenssituationen, sei es das Leben als Single, als Teil einer Familie oder die Bewältigung finanzieller Notfälle.

Zusammenfassung und Ausblick: Am Ende des Buches fassen wir die wichtigsten Erkenntnisse zusammen und ich gebe Ihnen einen Ausblick auf Ihre finanzielle Zukunft. Sie werden lernen, wie Sie einen persönlichen Finanzplan erstellen.

Meine Hoffnung ist, dass dieses Buch Ihnen nicht nur Wissen vermittelt, sondern auch praktische Fähigkeiten vermittelt, die Sie in Ihrem täglichen Leben anwenden können. Ihre finanzielle Reise beginnt hier, und wir sind bereit, Sie auf diesem Weg zu begleiten.

Teil 2: Die Grundlagen der Haushaltsplanung

In Teil 1 haben wir die Bedeutung der finanziellen Grundlagen und des Verständnisses für Ihre finanzielle Situation betont. Nun werden wir uns in Teil 2 auf die konkreten Schritte zur Haushaltsplanung konzentrieren. Diese Grundlagen sind entscheidend, um Ihre finanzielle Zukunft zu gestalten und effektiv zu sparen.

Ein solider Haushaltsplan bildet das Fundament für Ihre finanzielle Sicherheit und Flexibilität. Er ermöglicht es Ihnen, Ihre Einnahmen und Ausgaben zu überblicken, Sparziele zu setzen und die Grundlage für intelligente finanzielle Entscheidungen zu schaffen.

Hier ist eine Übersicht über die Unterkapitel in Teil 2:

2.1. Budget erstellen: Einnahmen und Ausgaben

In diesem Abschnitt werden wir ausführlich besprechen, wie Sie ein Budget erstellen können, das Ihre Einnahmen und Ausgaben berücksichtigt. Ein Budget ist der Ausgangspunkt für eine erfolgreiche finanzielle Planung.

2.2. Sparziele setzen

Sparen ohne klare Ziele kann schwierig sein. Ich werde Ihnen zeigen, wie Sie realistische Sparziele setzen können, die Ihnen dabei helfen, Ihre finanziellen Träume zu verwirklichen.

2.3. Notwendige vs. unnötige Ausgaben

Einen Unterschied zwischen notwendigen und unnötigen Ausgaben zu erkennen, ist ein Schlüssel zur effektiven Budgetierung. Ich werde Ihnen helfen, diese Unterscheidung zu verstehen und Ihre Ausgaben entsprechend zu priorisieren.

2.4. Schuldenmanagement

Schulden können eine erhebliche Belastung sein, aber ein effektives Schuldenmanagement kann den Weg zur Schuldenfreiheit ebnen. Ich werde Ihnen detailliert erklären, wie Sie Schulden bewältigen, abbauen und letztendlich beseitigen können.

Jedes dieser Unterkapitel bietet Ihnen praktische Anleitungen und Ratschläge, um Ihre finanzielle Gesundheit zu stärken und eine solide Grundlage für Ihre finanzielle Zukunft zu schaffen. Die Schritte, die Sie in Teil 2 lernen, sind der Schlüssel zur erfolgreichen Umsetzung Ihrer finanziellen Ziele, die wir in Teil 3 weiter vertiefen werden. Beginnen wir also mit Kapitel 2.1 und erfahren Sie, wie Sie Ihr Budget erstellen können.

2.1 Budget erstellen: Einnahmen und Ausgaben

Die Erstellung eines Budgets bildet das Fundament für Ihre finanzielle Stabilität und Ihre finanziellen Ziele. Es ist im Wesentlichen eine detaillierte Aufstellung Ihrer monatlichen Einnahmen und Ausgaben. In diesem Abschnitt werden wir diesen Prozess genauer betrachten und Ihnen zeigen, wie Sie ein Budget erstellen können, das Ihnen hilft, Ihre Finanzen besser zu organisieren und Ihre finanziellen Ziele zu erreichen.

Die Bedeutung eines Budgets: Warum ist ein Budget überhaupt so wichtig? Ein Budget gibt Ihnen die Kontrolle über Ihre finanzielle Situation zurück. Es hilft Ihnen, Ihre Einkünfte und Ausgaben zu verstehen und sicherzustellen, dass Sie Ihr Geld für die Dinge ausgeben, die Ihnen wirklich wichtig sind. Ein Budget ist Ihr persönlicher Finanzplan, der Ihnen dabei hilft, finanzielle Ziele zu setzen und diese zu erreichen.

Einnahmen verstehen: Beginnen wir mit Ihren Einnahmen. Dies umfasst nicht nur Ihr monatliches Gehalt oder Lohn, sondern auch andere Einkommensquellen wie Mieteinnahmen, Zinsen, Dividenden oder Nebeneinkünfte. Ein umfassendes Verständnis Ihrer Einnahmen ist entscheidend, um eine genaue Vorstellung davon zu haben, wie viel Geld Ihnen monatlich zur Verfügung steht.

Ausgabenkategorien identifizieren: Der nächste Schritt besteht darin, Ihre Ausgaben in verschiedene Kategorien aufzuteilen. Dies ermöglicht es Ihnen, Ihre Ausgaben besser zu organisieren und Prioritäten zu setzen. Typische Ausgabenkategorien umfassen Wohnkosten, Lebensmittel, Transport, Gesundheitswesen, Bildung und Unterhaltung. Zusätzlich sollten Sie Platz für variable Ausgaben wie Freizeitaktivitäten und gelegentliche Ausgaben reservieren.

Einnahmen und Ausgaben gegenüberstellen: Nachdem Sie Ihre Einnahmen und Ausgaben erfasst und kategorisiert haben, geht es darum, sie miteinander zu vergleichen. Diese Gegenüberstellung gibt Ihnen einen klaren Überblick darüber, wie Ihr Geld fließt und wo Sie möglicherweise Einsparungen vornehmen können. Sie werden erkennen, welche Ausgaben unvermeidlich sind und wo Spielraum für Verbesserungen besteht.

Sparziele setzen: Ihr Budget sollte auch Raum für Ihre finanziellen Ziele lassen. Diese Ziele können kurzfristig sein, wie die Anschaffung eines neuen Autos, oder langfristig, wie die Altersvorsorge. Die Festlegung von Sparzielen ist entscheidend, um Ihre finanziellen Anstrengungen zu fokussieren und motiviert zu bleiben.

Budget-Anpassung und -Überwachung: Ihr Budget ist keine statische Angelegenheit. Es sollte sich an Veränderungen in Ihrem Leben anpassen. Wir werden besprechen, wie Sie Ihr Budget flexibel halten und bei Bedarf anpassen können. Darüber hinaus ist eine regelmäßige Überwachung Ihres Budgets wichtig, um sicherzustellen, dass Sie auf Kurs sind und Ihre finanziellen Ziele erreichen.

Die Erstellung eines Budgets erfordert zwar Zeit und Aufmerksamkeit, aber die Belohnungen sind es wert. Ein Budget gibt Ihnen die Kontrolle über Ihre Finanzen zurück und ermöglicht es Ihnen, bewusste finanzielle Entscheidungen zu treffen. In den kommenden Kapiteln werden wir noch tiefer in die Materie eintauchen und Ihnen praktische Werkzeuge und Strategien vorstellen, um Ihr Budget effektiv zu nutzen und Ihre finanziellen Ziele zu erreichen.

2.2 Sparziele setzen und verfolgen

Sparziele zu setzen und sie zu verfolgen, ist ein Schlüsselelement für finanziellen Erfolg und eine solide Haushaltsplanung. In diesem Abschnitt werden wir uns ausführlich damit beschäftigen, wie Sie kluge Sparziele definieren, diese realistisch gestalten und sie konsequent verfolgen können.

Die Bedeutung von Sparzielen: Sparziele sind der Antrieb hinter Ihrem Budget. Sie verleihen Ihren finanziellen Anstrengungen einen Zweck und eine Richtung. Ob Sie Geld für eine Notfallreserve, den Kauf eines Eigenheims, die Finanzierung Ihrer Ausbildung oder den Ruhestand sparen möchten - klare und konkrete Ziele sind entscheidend, um motiviert zu bleiben.

Kluge Sparziele setzen: Der erste Schritt besteht darin, Ihre Sparziele klar und präzise zu definieren. Anstatt allgemeine Ziele wie "mehr sparen" zu setzen, sollten Sie spezifische Ziele festlegen, wie z.B. "In den nächsten 12 Monaten 5.000 Euro für den Kauf eines Autos sparen". Je konkreter Ihr Ziel ist, desto einfacher ist es, darauf hinzuarbeiten.

Realistische Sparziele: Ihre Sparziele sollten auch realistisch sein. Es ist großartig, ehrgeizige Ziele zu haben, aber es ist genauso wichtig sicherzustellen, dass sie in Ihrem aktuellen finanziellen Rahmen erreichbar sind. Ich werde Ihnen zeigen, wie Sie realistische Ziele setzen können, die zu Ihrer finanziellen Situation passen.

Zeitliche Dimension: Jedes Sparziel sollte einen Zeitrahmen haben. Sie sollten wissen, bis wann Sie Ihr Ziel erreichen möchten. Dies hilft nicht nur dabei, Ihr Sparverhalten zu steuern, sondern ermöglicht es Ihnen auch, Ihre Fortschritte zu verfolgen.

Priorisierung von Sparzielen: Wenn Sie mehrere Sparziele haben, müssen Sie diese möglicherweise priorisieren. Ich werde Strategien vorstellen, wie Sie Ihre Ziele gewichten können, um sicherzustellen, dass Sie Ihre wichtigsten finanziellen Meilensteine zuerst erreichen.

Verfolgung Ihrer Sparziele: Sobald Sie Ihre Ziele festgelegt haben, ist es wichtig, diese konsequent zu verfolgen. Ich werde Ihnen zeigen, wie Sie Ihre Fortschritte überwachen können, sei es durch die Verwendung von Budget-Apps, das Führen eines Spar-Tagebuchs oder das regelmäßige Überprüfen Ihres Kontos.

Anpassung Ihrer Sparstrategie: Es ist durchaus möglich, dass sich Ihre finanzielle Situation ändert oder unvorhergesehene Ausgaben auftreten. In solchen Fällen ist es wichtig, Ihre

Sparstrategie anzupassen, um sicherzustellen, dass Sie auf Kurs bleiben.

Sparziele sind der Treibstoff, der Ihre finanzielle Reise antreibt. Sie verleihen Ihrem Budget einen Zweck und halten Sie auf dem Weg zur finanziellen Stabilität. In den kommenden Kapiteln werden wir weiter in die Tiefe gehen und Ihnen praktische Werkzeuge und Strategien vorstellen, um Ihre Sparziele effektiv zu erreichen und finanzielle Sicherheit zu erlangen.

2.3 Notwendige vs. unnötige Ausgaben: Ihr Weg zu finanzieller Sicherheit

Eine der grundlegenden Fähigkeiten auf Ihrem Weg zur finanziellen Sicherheit ist die Fähigkeit, zwischen notwendigen und unnötigen Ausgaben zu unterscheiden. Dieser Unterschied ist von entscheidender Bedeutung, da er Ihnen hilft, Ihre finanziellen Ressourcen optimal zu nutzen, unnötige Verschwendung zu vermeiden und Ihr

Geld gezielt für die Erreichung Ihrer finanziellen Ziele einzusetzen. In diesem Abschnitt werden wir ausführlich auf dieses wichtige Thema eingehen.

Was sind notwendige Ausgaben?: Notwendige Ausgaben sind finanzielle Verpflichtungen und Kosten, die Sie benötigen, um Ihr Leben zu führen und Ihre Grundbedürfnisse zu decken. Dazu gehören in der Regel:

Wohnkosten: Miete oder Hypothekenzahlungen für Ihr Zuhause.

Lebensmittel: Die Kosten für Nahrungsmittel und Grundbedarfsartikel.

Gesundheitsversorgung: Medizinische Versicherungsprämien und Arztkosten.

Energiekosten: Kosten für Strom, Gas, Wasser und Heizung.

Schuldenzahlungen: Rückzahlungen von Schulden wie Kredite und Hypotheken.

Diese Ausgaben sind stabil und vorhersehbar, da sie in erster Linie dazu dienen, Ihre Lebensgrundlagen zu sichern

Was sind unnötige Ausgaben?: Unnötige Ausgaben sind solche, die nicht notwendig sind, um Ihre Grundbedürfnisse zu erfüllen oder Ihre finanziellen Ziele zu erreichen. Hierzu gehören oft:

Unterhaltungsausgaben: Kosten für Kino, Restaurants, Konzerte und ähnliche Aktivitäten.

Impulskäufe: Spontane Einkäufe, die oft auf Wunsch oder Laune basieren.

Luxusgüter: Kosten für teure Mode, Elektronik oder andere Produkte, die nicht unbedingt erforderlich sind.

Abonnementdienste: Kosten für Dienste wie Streaming, Zeitschriftenabonnements oder Mitgliedschaften, die möglicherweise nicht vollständig genutzt werden.

Unnötige Ausgaben sind oft variabel und können durch bewusste Entscheidungen kontrolliert oder reduziert werden.

Der Schlüssel zur Unterscheidung: Die wesentliche Unterscheidung zwischen notwendigen und unnötigen Ausgaben liegt in ihrer Beziehung zu Ihren Grundbedürfnissen und finanziellen Zielen. Notwendige Ausgaben sind in erster Linie darauf ausgerichtet, Ihre Lebensgrundlagen zu sichern, während unnötige Ausgaben dazu neigen, Wünsche oder kurzfristige Bedürfnisse zu erfüllen. Analyse Ihrer Ausgaben: Um den Unterschied zwischen notwendigen und unnötigen Ausgaben besser zu verstehen, ist es hilfreich, Ihre Ausgaben regelmäßig zu analysieren. Sie können dies durchführen, indem Sie Ihre Kontoauszüge durchsehen, ein Haushaltsbuch führen oder moderne Finanz-Apps verwenden, die Ihre Ausgaben kategorisieren.

Priorisierung von Ausgaben: Nachdem Sie Ihre Ausgaben analysiert haben, ist es ratsam, sie zu priorisieren. Dies bedeutet, sicherzustellen, dass Ihre notwendigen Ausgaben, die Ihre Grundbedürfnisse decken, zuerst gedeckt sind, bevor Sie Geld für unnötige Ausgaben ausgeben. Diese Priorisierung ist entscheidend, um sicherzustellen, dass Sie Ihre finanziellen Grundlagen abdecken, bevor Sie Geld für Annehmlichkeiten ausgeben.

Reduzierung unnötiger Ausgaben: Sobald Sie unnötige Ausgaben identifiziert haben, können Sie daran arbeiten, diese zu reduzieren oder zu eliminieren. Dies kann bedeuten, bewusst auf gewisse Luxusgüter oder Dienstleistungen zu verzichten, die nicht wesentlich für Ihr Leben sind. Die Ersparnisse aus diesen Reduzierungen können in Ihre finanziellen Ziele investiert werden.

Belohnen Sie sich angemessen: Während die Kontrolle unnötiger Ausgaben wichtig ist, bedeutet das nicht, dass Sie keine Freude und Belohnungen genießen dürfen. Es ist wichtig, sich selbst gelegentlich zu belohnen, aber in Maßen und im Rahmen Ihres Budgets.

Die Fähigkeit, zwischen notwendigen und unnötigen Ausgaben zu unterscheiden, ist entscheidend, um Ihre finanzielle Sicherheit aufzubauen und Ihre finanziellen Ziele zu erreichen. Es ermöglicht Ihnen, Ihre finanziellen Ressourcen effizient zu nutzen und Ihr Geld gezielt für die Dinge einzusetzen, die Ihnen wirklich wichtig sind. In den kommenden Kapiteln.

2.4 Schuldenmanagement: Der Weg zur Schuldenfreiheit und finanziellen Freiheit

Schulden können eine erhebliche Belastung für Ihre finanzielle Gesundheit darstellen, aber ein effektives Schuldenmanagement kann Ihnen den Weg zur Schuldenfreiheit und finanziellen Freiheit ebnen. In diesem Abschnitt werden wir uns ausführlich damit beschäftigen, wie Sie Schulden bewältigen, abbauen und letztendlich beseitigen können.

Verständnis von Schulden: Zunächst ist es wichtig, ein grundlegendes Verständnis von

Schulden zu entwickeln. Schulden sind finanzielle Verpflichtungen, die Sie gegenüber Gläubigern oder Kreditgebern haben. Dies kann Kreditkartenschulden, Autokredite, Studiendarlehen, Hypotheken oder andere Arten von Darlehen umfassen.

Einsicht in Ihre Schulden: Der erste Schritt im Schuldenmanagement ist die vollständige Einsicht in Ihre Schulden. Sie sollten alle Ihre Schulden, einschließlich des ausstehenden Betrags, der Zinssätze und der monatlichen Zahlungen, auflisten. Dies ermöglicht es Ihnen, den Gesamtbetrag Ihrer Schulden zu ermitteln und einen Plan zu erstellen.

Erstellen Sie einen Schuldenabbau-Plan: Sobald Sie Ihre Schulden erfasst haben, ist es ratsam, einen Schuldenabbau-Plan zu erstellen. Dieser Plan sollte Ihre Schuldenprioritäten festlegen, mögliche Einsparungen identifizieren und eine Strategie für den Schuldenabbau umfassen.

Priorisieren Sie Ihre Schulden: Es ist wichtig, Ihre Schulden zu priorisieren. Dies kann bedeuten, Schulden mit den höchsten Zinssätzen zuerst abzuzahlen, da diese die größte finanzielle Belastung darstellen. Alternativ können Sie sich dafür entscheiden, kleinere Schulden zuerst zu tilgen, um schnelle Erfolgserlebnisse zu erzielen.

Budget für Schuldenabbau: Um Schulden erfolgreich abzubauen, sollten Sie in Ihrem Budget Geld für die Rückzahlung der Schulden einplanen. Dies kann bedeuten, dass Sie Ihre Ausgaben in anderen Bereichen reduzieren müssen, um zusätzliches Geld für Schuldenrückzahlungen freizusetzen.

Verhandeln Sie günstigere Konditionen: In einigen Fällen können Sie mit Gläubigern verhandeln, um günstigere Konditionen für Ihre Schulden zu erhalten. Dies kann niedrigere Zinssätze, eine vorübergehende Stundung oder eine alternative Rückzahlungsvereinbarung umfassen.

Schuldenkonsolidierung: Eine Möglichkeit, Ihre Schulden zu vereinfachen und möglicherweise Zinskosten zu senken, ist die Schuldenkonsolidierung. Dabei kombinieren Sie Ihre bestehenden Schulden in ein einziges Darlehen mit niedrigerem Zinssatz.

Disziplin und Geduld: Das Schuldenmanagement erfordert Disziplin und Geduld. Schuldenabbau ist oft ein schrittweiser Prozess, der Zeit in Anspruch nehmen kann. Es ist wichtig, an Ihrem Plan festzuhalten und sich nicht entmutigen zu lassen.

Schritt für Schritt zur Schuldenfreiheit: Indem Sie kontinuierlich Schulden abzahlen und Ihr Budget verwalten, werden Sie sich langsam, aber sicher in Richtung Schuldenfreiheit bewegen. Wenn Sie eine Schuld vollständig abbezahlt haben, sollten Sie die zusätzlichen Geldmittel in den Schuldenabbau einer anderen Schuld oder in Ihre langfristigen Sparziele investieren.

Finanzielle Bildung: Die Verbesserung Ihrer finanziellen Bildung kann Ihnen dabei helfen, Schulden zu vermeiden und Ihre finanzielle Gesundheit insgesamt zu stärken. Informieren Sie sich über Finanzthemen wie Budgetierung, Investitionen und Kreditmanagement.

Schuldenmanagement erfordert Zeit, Engagement und einen klaren Plan, aber es ist ein wichtiger Schritt auf dem Weg zur finanziellen Freiheit. Mit einer soliden Schuldenmanagementstrategie können Sie schrittweise Schulden abbauen, Ihre finanzielle Belastung reduzieren und Ihr Geld effektiver für Ihre finanziellen Ziele einsetzen. In den kommenden Kapiteln werden wir weitere Finanzthemen behandeln und Ihnen Werkzeuge und Strategien zur Verfügung stellen, um Ihre finanzielle Sicherheit weiter zu stärken.

Teil 3: Praktische Spartipps

In diesem dritten Teil unseres Buches werden wir uns ausführlich mit einer Vielzahl von praktischen Spartipps beschäftigen. Das Ziel dieses Teils ist es, Ihnen konkrete Handlungsanweisungen und bewährte Strategien zur Verfügung zu stellen, mit denen Sie Ihre finanzielle Sicherheit stärken und Ihre Sparziele effektiver erreichen können.

Finanzielle Stabilität beginnt oft mit kleinen Schritten, und die Umsetzung von Spartipps in Ihrem täglichen Leben kann einen erheblichen Unterschied machen. Wir werden uns in diesem Teil mit verschiedenen Aspekten Ihres Lebens und Ihrer Finanzen befassen und Ihnen praktische Ratschläge geben, die Sie sofort umsetzen können.

Hier ist eine Übersicht über die Unterkapitel in Teil 3:

3.1. Lebensmittel und Einkauf

In diesem Abschnitt werden wir Strategien zur Reduzierung Ihrer Lebensmittelkosten vorstellen, ohne dabei die Qualität Ihrer Ernährung zu beeinträchtigen. Sie werden lernen, wie Sie klug einkaufen, Mahlzeiten planen und Lebensmittelverschwendung minimieren können.

3.2. Energie- und Wohnkosten senken

Energiekosten und Wohnausgaben können erheblich zu Ihrem monatlichen Budget beitragen. Wir werden Ihnen Tipps zur Verfügung stellen, wie Sie Ihre Energiekosten senken können, sowohl im Haushalt als auch in Ihrer Wohnung oder Ihrem Haus.

3.3. Transport und Mobilität

Transportkosten, sei es für den täglichen Arbeitsweg oder für Urlaubsreisen, können sich summieren. In diesem Abschnitt werden wir verschiedene Wege aufzeigen, wie Sie Ihre Transportkosten reduzieren und gleichzeitig umweltbewusster agieren können.

3.4. Unterhaltung und Freizeit

Unterhaltung und Freizeitgestaltung sind wichtige Aspekte des Lebens, die jedoch oft mit hohen Kosten verbunden sind. Wir werden Ihnen zeigen, wie Sie Ihre Freizeit genießen können, ohne Ihr Budget zu sprengen, und wie Sie dabei kulturelle Erlebnisse, Hobbys und Reisen in Betracht ziehen können.

3.5. Versicherungen und Finanzprodukte

Versicherungen und Finanzprodukte sind wesentliche Bestandteile Ihrer finanziellen Absicherung, aber sie können auch teuer sein. In diesem Abschnitt werden wir erläutern, wie Sie die besten Versicherungsangebote finden und Finanzprodukte auswählen, die zu Ihren Bedürfnissen passen, ohne unnötige Kosten zu verursachen.

In jedem dieser Unterkapitel werden Sie praktische Tipps und Ratschläge finden, die Ihnen helfen, Ihr Geld klüger zu verwalten und gleichzeitig Ihren Lebensstil zu genießen. Es geht nicht nur darum, zu sparen, sondern auch darum, bewusste finanzielle Entscheidungen zu treffen, die zu einer nachhaltigen finanziellen Gesundheit führen. Beginnen wir also mit Kapitel 3.1 und erfahren Sie, wie Sie bei Ihren Lebensmittelausgaben sparen können.

3.1. Lebensmittel und Einkauf: Clever und sparsam einkaufen

Lebensmittel sind ein wesentlicher Bestandteil unseres täglichen Lebens, und die Kosten für Lebensmittel können einen erheblichen Anteil unseres monatlichen Budgets ausmachen.

Daher ist es von entscheidender Bedeutung, klug und sparsam einzukaufen, ohne dabei die Qualität Ihrer Ernährung zu beeinträchtigen. In diesem Abschnitt werden wir verschiedene Strategien und Tipps vorstellen, wie Sie beim Lebensmittelkauf Geld sparen können, ohne auf gesunde und köstliche Mahlzeiten zu verzichten.

1. Erstellen Sie einen Einkaufsplan

Der Schlüssel zu einem erfolgreichen und kostengünstigen Lebensmitteleinkauf ist die Planung. Bevor Sie in den Supermarkt gehen, sollten Sie eine Liste der benötigten Artikel erstellen. Dies verhindert spontane Einkäufe und Impulskäufe, die oft unnötige Ausgaben verursachen. Überlegen Sie, welche Mahlzeiten Sie in der kommenden Woche zubereiten möchten, und notieren Sie die erforderlichen Zutaten. Ein Einkaufsplan hilft Ihnen, gezielter einzukaufen und keine Lebensmittel zu verschwenden.

2. Kaufen Sie in größeren Mengen ein

Der Kauf von Lebensmitteln in größeren Mengen oder in größeren Verpackungseinheiten kann in der Regel kostengünstiger sein. Prüfen Sie jedoch die Haltbarkeit der Produkte und stellen Sie sicher, dass Sie sie vor dem Ablaufdatum verwenden können. Lebensmittelverschwendung sollte vermieden werden, selbst wenn Sie in größeren Mengen einkaufen.

3. Nutzen Sie saisonale und lokale Produkte

Saisonale und lokale Lebensmittel sind nicht nur frischer und schmackhafter, sondern oft auch preiswerter. Erkundigen Sie sich nach saisonalen Obst- und Gemüsesorten in Ihrer Region und integrieren Sie diese in Ihre Mahlzeiten. Dies unterstützt auch lokale Bauern und den Umweltschutz, da der Transportaufwand geringer ist.

4. Vergleichen Sie Preise und Angebote

Es ist sinnvoll, die Preise von Lebensmitteln und Produkten zu vergleichen, bevor Sie sie kaufen. Schauen Sie sich die Werbeangebote in den Prospekten der Supermärkte an und achten Sie auf Rabatte und Sonderaktionen. Manchmal lohnt es sich, zwischen verschiedenen Geschäften zu pendeln, um die besten Angebote zu finden.

5. Kaufen Sie generische Markenprodukte

Markenprodukte sind oft teurer als generische oder Eigenmarkenprodukte, obwohl sie oft ähnliche oder sogar identische Inhaltsstoffe haben. Geben Sie generischen Marken eine Chance, denn sie sind oft genauso gut wie teurere Optionen, aber kostengünstiger.

6. Vermeiden Sie den Einkauf hungrig

Es mag seltsam klingen, aber es ist wissenschaftlich belegt: Das Einkaufen hungrig kann dazu führen, dass Sie mehr Lebensmittel kaufen und möglicherweise ungesunde Entscheidungen treffen. Essen Sie vor dem Einkaufen eine kleine Mahlzeit, um Impulskäufe zu vermeiden.

7. Vermeiden Sie Einweggeschirr und Snacks unterwegs

Der Kauf von Einweggeschirr, Snacks oder Getränken unterwegs kann sich im Laufe der Zeit summieren. Bringen Sie stattdessen eine wiederverwendbare Wasserflasche und Snacks von zu Hause mit, um Geld und Müll zu sparen.

8. Reduzieren Sie Lebensmittelverschwendung

Die Verschwendung von Lebensmitteln ist nicht nur schlecht für Ihr Budget, sondern auch für die Umwelt. Planen Sie Mahlzeiten so, dass Sie

Reste verwenden können, und bewahren Sie Lebensmittel ordnungsgemäß auf, um ihre Haltbarkeit zu verlängern. Beachten Sie das Ablaufdatum und nutzen Sie zuerst die Lebensmittel, die bald ablaufen.

9. Vermeiden Sie teure Convenience-Produkte

Fertiggerichte und Convenience-Produkte sind oft teurer als selbst zubereitete Mahlzeiten. Investieren Sie Zeit in die Zubereitung von hausgemachten Speisen, die nicht nur kostengünstiger sind, sondern auch gesünder.

10. Nutzen Sie Rabattkarten und Kundenprogramme

Viele Supermärkte bieten Kundenkarten und Treueprogramme an, die Rabatte und Belohnungen bieten. Melden Sie sich an und nutzen Sie diese Vorteile, um zusätzliches Geld zu sparen.

Die Anwendung dieser Spartipps beim Lebensmitteleinkauf kann dazu beitragen, Ihr monatliches Budget zu schonen, ohne dass Sie auf qualitativ hochwertige Lebensmittel verzichten müssen. Lebensmittel einkaufen kann nicht nur effizient, sondern auch eine angenehme Erfahrung sein, wenn Sie bewusst und sparsam vorgehen. Mit einer klugen Planung und den richtigen Entscheidungen können Sie Ihr Geld für Lebensmittel besser nutzen und gleichzeitig Ihre finanziellen Ziele im Auge behalten.

3.2. Energie- und Wohnkosten senken: Ein sparsames Zuhause schaffen

Die Senkung Ihrer Energie- und Wohnkosten kann nicht nur Ihr monatliches Budget entlasten, sondern auch einen positiven Beitrag zur Umwelt leisten. Ein sparsames Zuhause bedeutet nicht, auf Komfort zu verzichten, sondern vielmehr, bewusste Entscheidungen zu treffen und effiziente Technologien zu nutzen.

1. Energieeffiziente Maßnahmen

Um Ihre Energiekosten zu senken, sollten Sie mit energieeffizienten Maßnahmen in Ihrem Zuhause beginnen:

LED-Beleuchtung: Ersetzen Sie herkömmliche Glühbirnen durch energiesparende LED-Lampen. Sie verbrauchen bis zu 80% weniger Strom und haben eine längere Lebensdauer.

Isolierung und Abdichtung: Eine gute Isolierung und Abdichtung Ihres Hauses ist entscheidend. Überprüfen Sie Fenster, Türen und Dach auf undichte Stellen und füllen Sie diese aus. Eine gut isolierte Immobilie erfordert weniger Heizung und Kühlung.

Programmierbare Thermostate: Installieren Sie programmierbare Thermostate, die die Raumtemperatur automatisch anpassen. So sparen Sie Energie, wenn niemand zu Hause ist oder während der Nacht.

Energiesparende Geräte: Investieren Sie in Haushaltsgeräte mit dem ENERGY STAR-Label, die den Energieverbrauch minimieren. Moderne Kühlschränke, Waschmaschinen und Trockner sind oft effizienter.

Erneuerbare Energiequellen: Wenn möglich, nutzen Sie erneuerbare Energiequellen wie Solarpanelen. Sie können Ihren Energieverbrauch reduzieren und überschüssige Energie in das Stromnetz einspeisen.

2. Wassereinsparung

Neben der Energie können auch Wasserkosten erheblich sein. Um Wasser und Geld zu sparen:

Niedrigflussarmaturen: Installieren Sie Niedrigflussarmaturen in Badezimmer und Küche, um den Wasserverbrauch zu reduzieren. Sie liefern dennoch ausreichend Wasserdruck.

Wasser sparen im Garten: Verwenden Sie Bewässerungssysteme wie Tropfbewässerung oder Sprinkler mit Regensensoren, um Wasser im Garten gezielt einzusetzen. Pflanzen Sie zudem trockenheitsresistente Pflanzen.

3. Reduzierung der Wohnkosten

Die Kosten für das Wohnen sind oft ein erheblicher Teil des monatlichen Budgets. Hier sind Möglichkeiten, wie Sie Ihre Wohnkosten senken können:

Mietverhandlung: Wenn Sie zur Miete wohnen, scheuen Sie sich nicht, mit Ihrem Vermieter über niedrigere Mietkosten zu verhandeln, insbesondere wenn Sie ein langfristiger Mieter sind.

Mitbewohner: Wenn Ihr Platz es zulässt, könnten Sie überlegen, Mitbewohner in Ihr Zuhause aufzunehmen, um die Mietkosten aufzuteilen. Dies kann eine erhebliche Ersparnis bedeuten.

Eigenheimoptimierung: Wenn Sie ein Eigenheim besitzen, können Sie durch die Suche nach günstigen Finanzierungsoptionen und die Minimierung der laufenden Kosten, wie Instandhaltung und Grundsteuern, die Wohnkosten senken.

4. Verhalten und Gewohnheiten

Ihre täglichen Gewohnheiten und Verhaltensweisen haben einen großen Einfluss auf Energie- und Wohnkosten:

Strom- und Wasserverbrauch: Achten Sie darauf, Lichter, elektronische Geräte und Wasserhähne auszuschalten, wenn sie nicht benötigt werden. Denken Sie daran, Geräte im Standby-Modus auszuschalten.

Heizen und Kühlen: Nutzen Sie natürliche Heiz- und Kühlmethoden. Öffnen Sie Fenster nachts im Sommer, um kühle Luft hereinzulassen, und schließen Sie Vorhänge tagsüber, um Wärme draußen zu halten.

Recycling und Müllvermeidung: Durch das Recycling von Abfällen und die Reduzierung von Müll können Sie Geld sparen und gleichzeitig die Umwelt schützen. Kaufen Sie wiederverwendbare Produkte und vermeiden Sie Einwegartikel.

5. Langfristige Investitionen

In einigen Fällen können langfristige Investitionen dazu beitragen, Energie- und Wohnkosten nachhaltig zu senken:

Energieeffiziente Renovierungen: Investieren Sie in energieeffiziente Renovierungen wie die Installation von Doppelfenstern, Solarenergie oder eine bessere Dämmung. Diese Maßnahmen können langfristig erhebliche Einsparungen bringen.

Hauskauf und -finanzierung: Wenn Sie ein neues Zuhause erwerben, achten Sie auf den Energieverbrauch und die Energieeffizienz des Gebäudes. Günstige Finanzierungsoptionen und niedrige Zinsen können ebenfalls dazu beitragen, die Gesamtkosten Ihres Eigenheims zu senken.

Die Umsetzung dieser umfassenden Strategien zur Senkung von Energie- und Wohnkosten kann dazu beitragen, nicht nur Ihr monatliches Budget zu entlasten, sondern auch Ihr Zuhause umweltfreundlicher zu gestalten. Mit einer bewussten und nachhaltigen Herangehensweise können Sie langfristig erhebliche finanzielle Vorteile erzielen und gleichzeitig zur Reduzierung Ihres ökologischen Fußabdrucks beitragen.

3.3. Transport und Mobilität: Clever unterwegs sein und Kosten sparen

Die Kosten im Zusammenhang mit Transport und Mobilität können erheblich sein und sind oft ein wesentlicher Teil des monatlichen Budgets. In diesem Abschnitt werden wir verschiedene Strategien erörtern, wie Sie Ihre Transport- und Mobilitätskosten effektiv reduzieren können, ohne auf die notwendige Mobilität zu verzichten.

1. Effiziente Fahrzeugnutzung

Wenn Sie ein Fahrzeug besitzen, können Sie durch eine effiziente Nutzung und Wartung Geld sparen:

Kraftstoffeffizienz: Achten Sie auf Ihre Fahrweise und versuchen Sie, kraftstoffsparend zu fahren. Vermeiden Sie unnötige Beschleunigungen und Bremsungen und halten Sie Ihre Geschwindigkeit konstant.

Wartung: Regelmäßige Wartung Ihres Fahrzeugs kann dazu beitragen, teure Reparaturen zu vermeiden und die Effizienz des Motors zu erhalten. Stellen Sie sicher, dass Ölwechsel, Reifenwechsel und andere Wartungsarbeiten rechtzeitig durchgeführt werden.

Carsharing: Wenn Sie ein Auto nur gelegentlich benötigen, erwägen Sie die Nutzung von

Carsharing-Diensten. Sie können dadurch Betriebskosten, Versicherung und Parkgebühren sparen.

2. Öffentlicher Verkehr und Fahrgemeinschaften

Der öffentliche Verkehr und Fahrgemeinschaften sind oft kostengünstige Alternativen zur individuellen Autonutzung:

Nutzung öffentlicher Verkehrsmittel: Prüfen Sie, ob öffentliche Verkehrsmittel eine praktikable Option für Ihren täglichen Arbeitsweg sind. Monats- oder Jahresabonnements können kostengünstiger sein als der Betrieb eines eigenen Fahrzeugs.

Fahrgemeinschaften: Bilden Sie Fahrgemeinschaften mit Kollegen oder Nachbarn, um die Kosten für Benzin und Parken zu teilen. Dies reduziert auch den Verschleiß Ihres Fahrzeugs.

3. Fahrrad und Fußgängerverkehr

In vielen städtischen Gebieten sind das Fahrradfahren und das Gehen effiziente und umweltfreundliche Transportmittel:

Fahrradnutzung: Erwägen Sie, für kurze Strecken oder den täglichen Arbeitsweg auf das Fahrrad umzusteigen. Sie sparen nicht nur Geld, sondern tun auch etwas für Ihre Gesundheit und die Umwelt.

Fußgängerverkehr: Wenn Ihr Ziel in fußläufiger Entfernung liegt, ziehen Sie das Gehen in Betracht. Es ist eine kostenlose und gesunde Möglichkeit der Fortbewegung.

4. Investitionen in umweltfreundliche Mobilität

In einigen Fällen können Investitionen in umweltfreundlichere Transportmittel langfristig Kosten senken:

Elektrofahrzeuge: Falls ein Fahrzeugersatz ansteht, können Elektrofahrzeuge eine wirtschaftliche Option sein. Sie sind in der Regel günstiger im Betrieb und tragen zur Reduzierung der Umweltauswirkungen bei.

Fahrrad oder Roller mit Elektroantrieb: Elektrische Fahrräder oder Roller sind umweltfreundlich und können als kostengünstige Option für kurze Strecken dienen.

5. Home Office und flexible Arbeitszeiten

Falls möglich, könnten Sie mit Ihrem Arbeitgeber über Home Office-Optionen oder flexible Arbeitszeiten sprechen:

Home Office: Arbeiten von zu Hause aus spart nicht nur Zeit, sondern auch Geld für die tägliche Pendelfahrt und die Kosten für das Fahrzeug.

Flexible Arbeitszeiten: Die Vermeidung von Stoßzeiten kann nicht nur den Stress reduzieren, sondern auch Kraftstoff und Zeit sparen.

Die effiziente Gestaltung Ihrer Transport- und Mobilitätsbedürfnisse kann erhebliche finanzielle Vorteile bieten und gleichzeitig dazu beitragen, die Umweltbelastung zu minimieren. Je nach Ihrem individuellen Lebensstil und Ihrer Situation können Sie aus verschiedenen Optionen wählen, um Ihre Mobilitätskosten zu senken und gleichzeitig eine nachhaltige und kostengünstige Fortbewegung zu gewährleisten.

3.4. Unterhaltung und Freizeit: Spaß haben, ohne das Budget zu sprengen

Unterhaltung und Freizeitaktivitäten sind wichtige Bestandteile eines ausgewogenen Lebens, aber sie können auch dazu führen, dass Sie mehr Geld ausgeben, als Sie beabsichtigt haben. In diesem Abschnitt werden wir verschiedene Strategien und Ansätze besprechen, wie Sie Ihre Freizeit genießen können, ohne Ihr Budget zu überdehnen.

1. Budget für Unterhaltung festlegen

Der erste Schritt, um Ihre Unterhaltungs- und Freizeitausgaben unter Kontrolle zu halten, ist die Festlegung eines Budgets:

Einnahmen und Ausgaben analysieren: Schauen Sie sich Ihre finanzielle Situation an und ermitteln Sie, wie viel Geld Sie monatlich für Unterhaltung zur Verfügung haben, ohne Ihre grundlegenden Bedürfnisse zu gefährden.

Prioritäten setzen: Überlegen Sie, welche Arten von Unterhaltung und Freizeitaktivitäten Ihnen am wichtigsten sind und für welche Sie bereit sind, mehr auszugeben.

Monatliches Budget festlegen: Basierend auf Ihren finanziellen Zielen und Prioritäten setzen Sie ein monatliches Budget für Unterhaltung fest.

2. Kostengünstige Freizeitaktivitäten

Es gibt viele kostengünstige oder sogar kostenlose Freizeitaktivitäten, die Sie genießen können:

Natur und Parks:

Nutzen Sie die Natur und Parks in Ihrer Nähe. Wandern, Picknicken und Radfahren sind oft kostenfrei und bieten eine großartige Möglichkeit, Zeit im Freien zu verbringen.

Bibliotheken und lokale Veranstaltungen: Besuchen Sie Ihre örtliche Bibliothek, um kostenlose Bücher, Filme und Veranstaltungen zu finden. Viele Städte bieten auch kostenlose Konzerte, Festivals und Veranstaltungen an.

Gemeinschafts- und Sportzentren:

Schließen Sie sich Gemeinschafts- oder Sportzentren an, um kostengünstigen Zugang zu Fitness- und Sportmöglichkeiten zu erhalten.

Selbstgemachte Unterhaltung:

Organisieren Sie Spieleabende, Filmabende oder Potluck-Abendessen mit Freunden und Familie. Diese Aktivitäten sind nicht nur kostengünstig, sondern fördern auch soziale Bindungen.

3. Vergünstigungen und Angebote nutzen

Es gibt viele Möglichkeiten, Rabatte und Angebote für Unterhaltungsaktivitäten zu nutzen:

Mitgliedschaften und Abonnements:

Prüfen Sie, ob Sie von Mitgliedschaften oder Abonnements profitieren können, die Ihnen Ermäßigungen oder Sonderangebote für Aktivitäten und Veranstaltungen bieten.

Gutscheine und Rabattseiten: Suchen Sie nach Gutscheinen und Angeboten in lokalen Zeitungen, Online-Gutscheinseiten und Apps. Diese können erhebliche Einsparungen ermöglichen.

Studenten- und Seniorenrabatte: Wenn Sie Student oder Senior sind, nutzen Sie diese Vergünstigungen, die oft für Museen, Kinos und andere Unterhaltungsstätten gelten.

4. Langfristige Planung

Planen Sie Unterhaltung und Freizeitaktivitäten langfristig:

Urlaubsbudget:

Legen Sie ein spezielles Budget für Urlaube und größere Freizeitaktivitäten fest, um sicherzustellen, dass Sie für diese Ausgaben vorbereitet sind.

Vermeiden Sie Schulden: Vermeiden Sie es, Unterhaltungs- und Freizeitausgaben auf Kreditkarten zu belasten, wenn Sie nicht sicher sind, wie Sie sie zurückzahlen werden. Dies kann zu Schulden führen.

5. Bewertung und Anpassung

Periodisch sollten Sie Ihre Unterhaltungsausgaben überprüfen und anpassen:

Budgetüberprüfung: Schauen Sie regelmäßig Ihr Budget für Unterhaltung und Freizeit durch, um sicherzustellen, dass Sie Ihre finanziellen Ziele erreichen.

Anpassung bei Bedarf: Wenn Sie feststellen, dass Sie Ihre Ausgaben nicht im Griff haben oder Ihre Prioritäten sich ändern, passen Sie Ihr Budget entsprechend an.

Mit einer klaren Budgetierung, der Nutzung kostengünstiger Aktivitäten und der intelligenten Nutzung von Rabatten und Angeboten können Sie Ihre Unterhaltungs- und Freizeitausgaben in den Griff bekommen, ohne auf Spaß und Entspannung zu verzichten. Ein bewusster Umgang mit Ihren finanziellen Ressourcen ermöglicht es Ihnen, Ihre Freizeit in vollen Zügen zu genießen, ohne Ihre finanzielle Stabilität zu gefährden.

3.5. *Versicherungen und Finanzprodukte: Klug absichern und investieren*

Versicherungen und Finanzprodukte sind Eckpfeiler einer soliden finanziellen Strategie. Sie bieten nicht nur Schutz für unerwartete

Ereignisse, sondern eröffnen auch Möglichkeiten zur Kapitalbildung und zum Vermögensaufbau. In diesem Abschnitt werden wir ausführlich die verschiedenen Aspekte von Versicherungen und Finanzprodukten beleuchten, um Ihnen die Werkzeuge an die Hand zu geben, fundierte Entscheidungen zu treffen, die Ihre finanzielle Zukunft absichern und optimieren.

1. Grundlegende Versicherungen

Beginnen wir mit einem tiefen Einblick in die grundlegenden Versicherungen, die für nahezu jeden von entscheidender Bedeutung sind:

Krankenversicherung: Die Gesundheit ist unser wertvollstes Gut, und eine umfassende Krankenversicherung ist der Schutzschild, der Sie vor den finanziellen Belastungen im Falle von Krankheit oder Verletzung bewahrt. Bei der

Wahl einer Krankenversicherung ist es entscheidend, die Deckungsoptionen zu verstehen und eine Police auszuwählen, die Ihren individuellen Bedürfnissen und finanziellen Möglichkeiten entspricht.

Haftpflichtversicherung: Ob im privaten Leben oder im Beruf, Haftpflichtversicherungen sind unerlässlich, um sich vor finanziellen Konsequenzen bei Schäden zu schützen, die Sie anderen zufügen könnten. Besonders wichtig ist sie, wenn Sie ein Eigenheim besitzen oder ein Auto fahren.

Lebensversicherung: Eine Lebensversicherung ist von entscheidender Bedeutung, wenn Sie finanziell von anderen abhängig sind. Sie bietet einen finanziellen Puffer für Ihre Angehörigen, wenn Ihnen etwas zustoßen sollte. Die Wahl der richtigen Lebensversicherungspolice hängt von verschiedenen Faktoren ab, einschließlich Ihrer finanziellen Verpflichtungen und Ihrer langfristigen Ziele.

2. Vorsorge- und Altersvorsorge

Die Planung Ihrer finanziellen Zukunft erfordert auch eine sorgfältige Betrachtung von Vorsorge- und Altersvorsorgeoptionen:

Rentenversicherung: Eine private Rentenversicherung oder eine betriebliche Altersvorsorge (bAV) können dazu beitragen, dass Sie im Ruhestand finanziell gut abgesichert sind. Die Wahl der richtigen Altersvorsorgeoption hängt von Ihrem Einkommen, Ihren langfristigen Zielen und Ihrem individuellen Lebensstil ab.

Sparen und Investieren: Neben Rentenversicherungen sollten Sie auch in verschiedene Anlageprodukte wie Aktien,

Anleihen, Investmentfonds und Immobilien investieren, um langfristig Vermögen aufzubauen und sich auf den Ruhestand vorzubereiten.

3. Kluge Finanzprodukte nutzen

Die Welt der Finanzprodukte bietet zahlreiche Möglichkeiten, Ihr Geld effektiv zu managen und zu vermehren:

Bankkonten: Bei der Wahl von Bankkonten ist es entscheidend, die Gebührenstruktur und die Zinssätze genau zu überprüfen. Durch die Auswahl von Konten mit niedrigen Gebühren und attraktiven Zinssätzen können Sie Ihr Erspartes effektiv verwalten und maximieren.

Kreditkarten: Kreditkarten bieten nicht nur Bequemlichkeit, sondern auch finanzielle Vorteile. Wählen Sie Kreditkarten mit niedrigen

Zinssätzen und attraktiven Belohnungsprogrammen. Wichtig ist, Ihre Kreditkartenrechnungen stets pünktlich zu begleichen, um Zinsen zu vermeiden.

Investmentkonten: Die Eröffnung von Investmentkonten ermöglicht es Ihnen, in Wertpapiere und andere Anlagen zu investieren, um langfristige Renditen zu erzielen. Eine sorgfältige Planung und Diversifikation Ihres Portfolios sind entscheidend, um Ihre finanziellen Ziele zu erreichen.

4. Versicherungen und Finanzprodukte optimieren

Es ist nicht ausreichend, Versicherungen und Finanzprodukte nur einmal abzuschließen. Sie müssen regelmäßig überprüft und optimiert werden:

Vergleich und Wechsel: Vergleichen Sie regelmäßig Ihre bestehenden Versicherungspolicen und Finanzprodukte mit anderen Angeboten auf dem Markt. Ein Wechsel zu besseren Konditionen kann erhebliche Einsparungen bringen.

Risikobewertung: Ihre Versicherungsdeckung sollte immer Ihren aktuellen Bedürfnissen entsprechen. Wenn sich Ihre Lebensumstände ändern, passen Sie Ihre Versicherung an, um sicherzustellen, dass Sie ausreichend geschützt sind.

Diversifikation: Eine breite Diversifikation Ihres Anlageportfolios hilft dabei, Risiken zu streuen und langfristige Erträge zu maximieren.

5. Finanzberatung in Anspruch nehmen

Schließlich kann die Unterstützung eines qualifizierten Finanzberaters von unschätzbarem Wert sein:

Beratung: Ein erfahrener Finanzberater kann Ihnen helfen, eine umfassende Finanzstrategie zu entwickeln, die Ihren individuellen Zielen entspricht.

Risikoprofil: Gemeinsam mit Ihrem Finanzberater können Sie ein genaues Risikoprofil erstellen, um Ihre Anlageentscheidungen an Ihre finanzielle Situation und Ihre Risikobereitschaft anzupassen.

Die richtigen Versicherungen und Finanzprodukte sind der Schlüssel zur finanziellen Sicherheit und können dazu beitragen, Ihre langfristigen finanziellen Ziele zu erreichen. Es ist von größter Bedeutung, diese Aspekte Ihrer Finanzen sorgfältig zu planen und regelmäßig zu überprüfen, um sicherzustellen, dass sie zu Ihrer aktuellen Lebenssituation passen und Ihre finanzielle Zukunft absichern und optimieren.

Teil 4: Haushaltsplanung in der Praxis (ca. 20 Seiten)

In den vorherigen Abschnitten haben wir die Grundlagen der Haushaltsplanung ausführlich behandelt und Ihnen Strategien zur Verfügung gestellt, um Ihr finanzielles Fundament zu stärken. Nun ist es an der Zeit, dieses Wissen in die Praxis umzusetzen und Ihre finanziellen Ziele zu verwirklichen. In Teil 4 werden wir uns eingehend mit der praktischen Umsetzung Ihrer Haushaltsplanung beschäftigen.

4.1. Tools und Software für die Haushaltsplanung

Der Beginn Ihrer Reise zur finanziellen Stabilität erfordert die Wahl der richtigen Werkzeuge und Technologien. In diesem Abschnitt werden wir Ihnen eine Vielzahl von Tools und Softwarelösungen vorstellen, die Ihnen helfen, Ihre Haushaltsplanung effektiv zu organisieren. Von Budget-Apps über Online-Plattformen bis hin zu bewährten Excel-Templates – wir zeigen Ihnen, wie Sie diese Instrumente nutzen können, um Ihre Finanzen unter Kontrolle zu bringen.

4.2. Monatliche vs. jährliche Budgets

Die Wahl zwischen monatlichen und jährlichen Budgets kann einen erheblichen Einfluss auf Ihre finanzielle Planung haben. Wir werden die Vor- und Nachteile beider Ansätze beleuchten und Ihnen Ratschläge geben, welche Methode in verschiedenen Lebenssituationen am besten geeignet ist. Dabei werden wir auch erläutern, wie Sie Ihr Budget flexibel gestalten können, um Veränderungen im Laufe der Zeit anzupassen.

4.3. Wie man Budgets anpasst und überwacht

Die finanzielle Realität ändert sich ständig, und Ihre Haushaltsplanung muss diesen Veränderungen standhalten. In diesem Abschnitt erfahren Sie, wie Sie Ihr Budget an veränderte Lebensumstände anpassen können, sei es aufgrund von Einkommensänderungen, unerwarteten Ausgaben oder neuen Zielen. Ich werde auch detailliert erläutern, wie Sie Ihre Budgets kontinuierlich überwachen und sicherstellen, dass Sie auf dem richtigen Weg zu Ihren finanziellen Zielen bleiben.

4.4. Umgang mit unvorhergesehenen Ausgaben

Unvorhergesehene Ausgaben sind ein unausweichlicher Teil des Lebens. Aber sie müssen nicht Ihre finanzielle Stabilität gefährden. In diesem Abschnitt werde ich Strategien und Techniken vorstellen, um mit unerwarteten Kosten umzugehen, sei es eine Autoreparatur, Arztrechnungen oder andere unvorhersehbare Ereignisse. Ein fundierter Plan für solche Situationen kann den Unterschied zwischen finanzieller Ruhe und Stress ausmachen.

Die praktische Umsetzung der Haushaltsplanung ist der Schlüssel zu Ihrem finanziellen Erfolg. In diesem Teil werden Sie lernen, wie Sie die Werkzeuge und Techniken nutzen können, um Ihre finanzielle Zukunft zu gestalten und Ihre finanziellen Ziele zu erreichen. Mit den richtigen Kenntnissen und Verständnis der praktischen Aspekte der Haushaltsplanung können Sie die Kontrolle über Ihre Finanzen übernehmen und gleichzeitig Ihre finanzielle Freiheit und Sicherheit stärken. In den folgenden Kapiteln werde ich diese Themen ausführlich behandeln und Ihnen praktische Ratschläge und Schritte zur Verfügung stellen, um Ihre Haushaltsplanung in die Praxis umzusetzen.

4.5. Sparstrategien und -techniken

Erfahren Sie, wie Sie Ihre Ersparnisse effizient steigern können, indem Sie verschiedene Sparstrategien und -techniken anwenden. Ich werde Ihnen bewährte Ansätze vorstellen, um Ihr Budget zu optimieren und Ihre finanziellen Ziele schneller zu erreichen. Dabei werden wir auf automatisierte Sparpläne, Schuldentilgung und den Aufbau eines Notfallfonds eingehen.

4.6. Langfristige finanzielle Ziele setzen und erreichen

Langfristige finanzielle Ziele wie der Kauf eines Eigenheims, die Finanzierung der Ausbildung

Ihrer Kinder oder die Planung des Ruhestands erfordern sorgfältige Planung und Durchführung. Ich werde Ihnen helfen, realistische finanzielle Ziele zu setzen und einen klaren Weg zur Erreichung dieser Ziele zu definieren. Dies beinhaltet die Verwendung von Budgets, Investitionen und Altersvorsorgestrategien.

4.7. Die Bedeutung des Notfallfonds

Der Aufbau eines Notfallfonds ist eine der wichtigsten Maßnahmen zur Sicherung Ihrer finanziellen Zukunft. Ich werde Ihnen erklären, wie Sie einen effektiven Notfallfonds erstellen und warum dies so entscheidend ist. Ein gut ausgestatteter Notfallfonds bietet Schutz vor finanziellen Katastrophen und gibt Ihnen die nötige Sicherheit, um auch unerwartete Herausforderungen zu bewältigen.

4.8. Finanzielle Bildung und Kontinuierliches Lernen

Die Welt der Finanzen ist komplex und ständig im Wandel. In diesem Abschnitt werde ich die Bedeutung der kontinuierlichen finanziellen Bildung betonen. Ich werde Ihnen Ressourcen und Strategien zur Verfügung stellen, um Ihr Verständnis für Finanzthemen zu vertiefen und sich ändernde wirtschaftliche Bedingungen besser zu bewältigen.

Mit den Informationen und Ratschlägen aus Teil 4 werden Sie in der Lage sein, Ihre Haushaltsplanung in die Praxis umzusetzen, Ihre finanzielle Zukunft aktiv zu gestalten und Ihre finanziellen Ziele zu erreichen. Die richtigen Werkzeuge, Strategien und ein fundiertes Verständnis sind der Schlüssel zu Ihrem finanziellen Erfolg und Ihrer finanziellen Freiheit.

4.1. Tools und Software für die Haushaltsplanung: Ihr Leitfaden zur effizienten Finanzverwaltung

Die Haushaltsplanung ist das solide Fundament, auf dem Ihre finanzielle Gesundheit aufgebaut ist. Doch der Weg zu einer gut organisierten Finanzverwaltung kann oft komplex und überwältigend erscheinen. Hier kommen Tools und Software ins Spiel, die Ihnen nicht nur den Prozess erheblich erleichtern, sondern auch dazu beitragen können, Ihre finanziellen Ziele zu erreichen. In diesem Abschnitt nehmen wir eine tiefgehende Analyse der verschiedenen Tools und Softwarelösungen vor, die Ihnen zur Verfügung stehen, um Ihre Haushaltsplanung effektiv zu organisieren.

Excel: Die klassische Budgetierungslösung

Excel ist eine bewährte und vielseitige Option für die Erstellung und Verwaltung Ihres Haushaltsbudgets. Dieses leistungsstarke Tabellenkalkulationsprogramm ermöglicht es Ihnen, benutzerdefinierte Tabellen und Diagramme zu erstellen, um Ihre Einnahmen und Ausgaben in Echtzeit zu verfolgen. Eine der großen Stärken von Excel liegt in seiner Anpassungsfähigkeit. Mit Formeln und Funktionen können Sie Berechnungen automatisieren und Ihr Budget flexibel gestalten. Es gibt auch vorgefertigte Excel-Budgetvorlagen, die Ihnen einen schnellen Start ermöglichen.

(https://www.finanzfluss.de/finanzfluss-haushaltsbuch/)

Budget-Apps: Unterwegs finanzielle Kontrolle

In einer Welt, in der Mobilität und Bequemlichkeit immer wichtiger werden, sind Budget-Apps eine hervorragende Wahl. Diese Apps bieten die Möglichkeit, Ihre Finanzen bequem von Ihrem Smartphone oder Tablet aus zu verwalten. Mit einer Vielzahl von Optionen wie Finanz Guru, YNAB (You Need a Budget) und PocketGuard stehen Ihnen umfassende Funktionen zur Verfügung. Sie können Ihre Bankkonten und Kreditkarten mit diesen Apps verknüpfen, Transaktionen kategorisieren und benutzerdefinierte Budgets erstellen. Darüber hinaus bieten sie oft übersichtliche visuelle Darstellungen Ihrer finanziellen Lage.

Online-Finanzplattformen: Ganzheitliche Finanzverwaltung

Online-Finanzplattformen bieten eine umfassende Lösung zur Haushaltsplanung und

Finanzverwaltung. Eine der bekanntesten Plattformen ist Personal Capital. Mit diesen Plattformen können Sie nicht nur Ihre Konten verknüpfen und Transaktionen verfolgen, sondern auch umfangreiche Budgets erstellen und Ihre Investitionen planen. Sie bieten oft auch Finanzberatungsdienste und Altersvorsorgeanalysen. Diese umfassenden Lösungen sind ideal für diejenigen, die eine ganzheitliche Sicht auf ihre Finanzen wünschen und professionelle Unterstützung in Anspruch nehmen möchten.

Spezialisierte Software: Für spezifische Bedürfnisse

Es gibt auch spezialisierte Softwarelösungen, die auf bestimmte finanzielle Bedürfnisse zugeschnitten sind. Quicken und QuickBooks sind beispielsweise ausgezeichnete Optionen für die Buchführung und das Finanzmanagement kleiner Unternehmen. TurboTax ist eine bekannte Software für die Steuervorbereitung. Diese Tools bieten detaillierte Funktionen, um spezifische finanzielle Anforderungen zu erfüllen.

Kostenlose vs. kostenpflichtige Lösungen

Bei der Auswahl von Tools und Software sollten Sie auch berücksichtigen, ob Sie bereit sind, für die Dienste zu zahlen. Viele Budget-Apps und Online-Finanzplattformen bieten kostenlose Versionen mit grundlegenden Funktionen an, während kostenpflichtige Versionen erweiterte Funktionen und Unterstützung bieten. Ihre Wahl hängt von Ihrem Budget und Ihren individuellen Anforderungen ab.

Die richtigen Tools und Software können den Prozess der Haushaltsplanung erheblich erleichtern und Ihnen helfen, Ihre finanziellen Ziele schneller zu erreichen. Die Wahl des geeigneten Instruments hängt von Ihrem Lebensstil, Ihren Präferenzen und Ihren finanziellen Zielen ab. Wichtig ist jedoch, dass Sie die regelmäßige und genaue Verfolgung Ihrer Finanzen in den Mittelpunkt Ihrer Planung stellen. Mit den richtigen Werkzeugen an Ihrer Seite können Sie Ihre finanzielle Zukunft aktiv gestalten und Ihre finanzielle Freiheit aufbauen.

4.2. Monatliche vs. jährliche Budgets: Die optimale Planung für Ihre Finanzen

Die Haushaltsplanung bildet das Herzstück einer soliden finanziellen Strategie. Doch es gibt verschiedene Wege, Ihr Budget zu gestalten, und die Wahl zwischen monatlichen und jährlichen Budgets ist eine wichtige Entscheidung. In diesem Abschnitt werden wir diese beiden Ansätze im Detail betrachten und Ihnen helfen, die richtige Wahl für Ihre individuellen Bedürfnisse und finanziellen Ziele zu treffen.

4.2.1. Monatliche Budgets: Die Feinabstimmung Ihrer Finanzen

Monatliche Budgets sind die am häufigsten verwendete Methode zur finanziellen Planung. Bei dieser Herangehensweise erstellen Sie ein Budget, das auf monatlichen Einnahmen und Ausgaben basiert. Dies ermöglicht es Ihnen, Ihre finanzielle Situation äußerst detailliert zu verfolgen und kurzfristige Ziele zu erreichen. Monatliche Budgets sind besonders effektiv, um Ihre laufenden Kosten, wie Miete, Lebensmittel, Stromrechnungen und Unterhaltungsausgaben, zu verwalten.

Vorteile von monatlichen Budgets:

Präzise Kontrolle: Monatliche Budgets bieten eine detaillierte Kontrolle über Ihre kurzfristigen Finanzen. Sie können Ihre monatlichen Ausgaben leichter im Auge behalten und sofortige Anpassungen vornehmen.

Flexibilität: Die monatliche Planung ermöglicht es Ihnen, sich schnell auf veränderte finanzielle Bedingungen einzustellen. Sie können unvorhergesehene Ausgaben besser bewältigen.

4.2.2. Jährliche Budgets: Langfristige Perspektive und Stabilität

Jährliche Budgets bieten eine langfristige Perspektive auf Ihre Finanzen. Bei dieser Methode planen Sie Ihr Budget für das gesamte Jahr im Voraus. Dies ermöglicht es Ihnen, größere finanzielle Ziele, wie den Kauf eines Autos oder den Urlaub, besser zu planen. Jährliche Budgets sind ideal, um langfristige Sparziele zu setzen und Ihre langfristige finanzielle Stabilität sicherzustellen.

Vorteile von jährlichen Budgets:

Langfristige Ziele: Jährliche Budgets sind hervorragend geeignet, um langfristige finanzielle Ziele zu setzen und zu verfolgen, wie den Kauf eines Eigenheims oder die Finanzierung der Ausbildung Ihrer Kinder.

Stabilität: Sie bieten finanzielle Stabilität und helfen Ihnen, Ihre finanzielle Zukunft strategisch zu planen.

Die Wahl zwischen monatlichen und jährlichen Budgets hängt von Ihren individuellen Bedürfnissen und Zielen ab. Einige Menschen bevorzugen die Präzision und Flexibilität monatlicher Budgets, während andere die langfristige Perspektive und Stabilität jährlicher Budgets schätzen. In vielen Fällen kann es auch sinnvoll sein, beide Ansätze zu kombinieren. Was auch immer Sie wählen, die Schlüssel zum Erfolg sind eine sorgfältige Planung, Disziplin und die Fähigkeit, Ihr Budget regelmäßig zu überprüfen und anzupassen. Die richtige

Budgetierungsmethode wird Ihnen helfen, Ihre finanziellen Ziele zu erreichen und Ihre finanzielle Sicherheit zu stärken.

4.3. Wie man Budgets anpasst und überwacht: Ihr Schlüssel zur finanziellen Flexibilität

Ein Budget zu erstellen ist der erste Schritt zur finanziellen Stabilität, aber es hört dort nicht auf. Ihre finanzielle Situation kann sich im Laufe der Zeit ändern, sei es aufgrund von Einkommensschwankungen, unerwarteten Ausgaben oder neuen finanziellen Zielen. In diesem Abschnitt werden wir besprechen, wie Sie Ihr Budget kontinuierlich anpassen und überwachen können, um sicherzustellen, dass es immer effektiv bleibt.

4.3.1. Die Notwendigkeit der Budgetanpassung

Eines der wichtigsten Prinzipien der Haushaltsplanung ist die Flexibilität. Ihr Leben ist dynamisch, und Ihr Budget sollte sich den Veränderungen anpassen können. Wenn sich Ihre Einkommensverhältnisse ändern, sei es durch Gehaltserhöhungen, Jobverlust oder andere Faktoren, müssen Sie Ihr Budget anpassen. Ebenso müssen Sie in der Lage sein, auf unvorhergesehene Ausgaben zu reagieren, wie z.B. Reparaturen am Haus oder unerwartete medizinische Kosten. Das Anpassen Ihres Budgets ermöglicht es Ihnen, finanzielle Herausforderungen zu bewältigen und gleichzeitig Ihre finanziellen Ziele im Auge zu behalten.

4.3.2. Schritte zur Budgetanpassung

Die Anpassung eines Budgets erfordert einige Schritte:

Überprüfung: Beginnen Sie damit, Ihr aktuelles Budget gründlich zu überprüfen. Vergleichen Sie Ihre tatsächlichen Einnahmen und Ausgaben mit Ihren ursprünglichen Schätzungen.

Identifizierung von Änderungsbedarf: Stellen Sie fest, welche Bereiche Ihres Budgets angepasst werden müssen. Dies könnte bedeuten, dass Sie Ihre Ausgaben kürzen oder Ihre Ersparnisse erhöhen müssen.

Neue Ziele setzen: Wenn sich Ihre finanziellen Ziele geändert haben, passen Sie Ihr Budget entsprechend an. Möglicherweise haben Sie neue Prioritäten, wie den Aufbau eines Notfallfonds oder die Tilgung von Schulden.

Anpassungen vornehmen: Passen Sie Ihr Budget entsprechend an. Dies kann bedeuten, Ausgaben zu reduzieren oder zu erhöhen, abhängig von Ihren Zielen und Ihrer finanziellen Situation.

Regelmäßige Überwachung: Überwachen Sie Ihr angepasstes Budget sorgfältig. Stellen Sie sicher, dass Sie auf Kurs bleiben und passen Sie es weiterhin an, wenn sich Ihre Umstände ändern.

4.3.3. Die Bedeutung der Budgetüberwachung

Die Überwachung Ihres Budgets ist genauso wichtig wie die Anpassung. Regelmäßige Überprüfungen Ihrer finanziellen Situation helfen Ihnen dabei, potenzielle Probleme frühzeitig zu erkennen und zu lösen. Es ermöglicht Ihnen auch, Ihre Fortschritte in Richtung Ihrer finanziellen Ziele zu verfolgen.

Mit der Fähigkeit, Ihr Budget anzupassen und zu überwachen, gewinnen Sie finanzielle

Flexibilität. Sie können auf Veränderungen reagieren und gleichzeitig sicherstellen, dass Ihre finanziellen Ziele weiterhin im Blick behalten werden. Die Fähigkeit zur Anpassung und Überwachung ist ein wesentlicher Schlüssel zu finanzieller Stabilität und langfristigem Erfolg.

4.4. Umgang mit unvorhergesehenen Ausgaben: Die Kunst der finanziellen Resilienz

Unvorhergesehene Ausgaben sind eine unvermeidliche Realität im Leben. Ob es sich um eine Autoreparatur, medizinische Notfälle oder unerwartete Haushaltskosten handelt, sie können unser finanzielles Gleichgewicht auf die Probe stellen. In diesem Abschnitt werden wir detailliert auf die Strategien und Techniken eingehen, wie Sie diese finanziellen Überraschungen bewältigen und Ihre finanzielle Gesundheit aufrechterhalten können.

4.4.1. Das Konzept des Notfallfonds

Ein Notfallfonds ist Ihre erste Verteidigungslinie gegen unvorhergesehene Ausgaben. Es handelt sich um ein Sparkonto, das speziell für unerwartete finanzielle Notfälle eingerichtet wird. Idealerweise sollte ein solcher Fonds drei bis sechs Monate Ihrer Lebenshaltungskosten abdecken, um Ihnen ein finanzielles Polster zu bieten, wenn Sie es am dringendsten benötigen.

Einrichtung eines Notfallfonds: Beginnen Sie damit, ein separates Sparkonto oder eine separate Geldmarktanlage zu eröffnen, die leicht zugänglich ist. Legen Sie regelmäßig Geld beiseite, um dieses Konto aufzubauen, bis es Ihre Zielsumme erreicht hat.

4.4.2. Budgetierung für unvorhergesehene Ausgaben

Integrieren Sie unvorhergesehene Ausgaben in Ihr Budget. Dies kann durch die Schaffung einer speziellen Kategorie innerhalb Ihres Budgets geschehen, die für Notfälle vorgesehen ist. Auf diese Weise stellen Sie sicher, dass Sie Geld für unerwartete Kosten beiseitelegen und nicht auf Ihre langfristigen Ersparnisse zurückgreifen müssen.

Festlegung eines monatlichen Betrags: Bestimmen Sie einen monatlichen Betrag, den Sie speziell für unvorhergesehene Ausgaben reservieren möchten. Dies kann je nach Ihren finanziellen Zielen variieren, sollte jedoch ausreichend sein, um potenzielle Notfälle abzudecken.

4.4.3. Kredit als letztes Mittel

Während ein Notfallfonds und eine budgetierte Reserve für unvorhergesehene Ausgaben ideal sind, kann es in einigen Fällen notwendig sein, auf Kredit zurückzugreifen. Dies sollte jedoch immer als letzte Option in Betracht gezogen werden. Wenn Sie gezwungen sind, auf Kredit zurückzugreifen, stellen Sie sicher, dass Sie einen klaren Plan zur Rückzahlung haben, um zusätzliche Zinsen und Schulden zu vermeiden.

Vorsicht bei Kreditoptionen: Wenn Sie sich für Kredit entscheiden müssen, vergleichen Sie sorgfältig die verschiedenen Kreditmöglichkeiten, um diejenige mit den besten Konditionen zu wählen.

4.4.4. Die Bedeutung der laufenden Überwachung

Die finanzielle Resilienz erfordert eine konstante Überwachung und Anpassung Ihrer Strategien. Überprüfen Sie regelmäßig Ihren Notfallfonds, Ihre budgetierte Reserve und Ihre finanzielle Gesundheit. Dies ermöglicht es Ihnen, frühzeitig auf potenzielle finanzielle Herausforderungen zu reagieren und sicherzustellen, dass Sie für alle Eventualitäten gewappnet sind.

Der Umgang mit unvorhergesehenen Ausgaben erfordert eine Kombination aus Voraussicht und Flexibilität. Mit einem gut gefüllten Notfallfonds, einer budgetierten Reserve und klugem Kreditmanagement können Sie finanziell widerstandsfähiger werden und die Belastungen finanzieller Überraschungen minimieren. Die Fähigkeit, auf unerwartete Situationen vorbereitet zu sein, ist ein wesentlicher Schritt auf dem Weg zu finanzieller Stabilität und Wohlstand.

5. _Langfristige Finanzplanung: Ihr Weg zu langfristigem Wohlstand mit Fokus auf Investitionen_

Die langfristige Finanzplanung ist ein entscheidender Schritt, um finanzielle Stabilität und langfristigen Wohlstand zu erreichen. Ein zentraler Bestandteil dieser Planung ist die kluge und zielgerichtete Investition Ihres Geldes. In diesem Abschnitt werden wir detailliert betrachten, wie Sie durch Investitionen langfristigen Wohlstand aufbauen können und Ihr finanzielles Potenzial maximieren können.

5.1. Die Macht des langfristigen Investierens

Langfristiges Investieren kann als das Pflanzen eines Baumes betrachtet werden. In den ersten Jahren mag das Wachstum langsam erscheinen, aber im Laufe der Zeit entfaltet sich das volle

Potenzial. Der Schlüssel zum langfristigen Investieren liegt in der Geduld und einer langfristigen Perspektive. Diese ermöglicht es Ihrem Kapital, durch die Kraft des Zinseszinses exponentiell zu wachsen. Der Zinseszins bedeutet, dass die Erträge aus Ihren Investitionen selbst wieder investiert werden, wodurch Ihr Vermögen im Laufe der Zeit erheblich zunimmt. Daher sollten Sie langfristig denken und nicht auf kurzfristige Marktschwankungen reagieren.

5.2. Diversifikation: Risikominimierung und Wachstumsförderung

Eine entscheidende Strategie für langfristiges Investieren ist die Diversifikation. Dies bedeutet, Ihr Geld in verschiedene Anlageklassen und -instrumente zu streuen, um Ihr Risiko zu minimieren. Ein gut diversifiziertes Portfolio kann Schwankungen auf dem Markt besser ausgleichen und gleichzeitig langfristiges Wachstum fördern. Dies kann Aktien, Anleihen, Immobilien, Rohstoffe und andere Anlageformen umfassen. Die sorgfältige Auswahl und Überwachung Ihrer Investitionen ist von entscheidender Bedeutung, um Ihre langfristigen Ziele zu erreichen.

5.3. Investitionen in den Aktienmarkt

Der Aktienmarkt bietet eine der effektivsten Möglichkeiten, langfristigen Wohlstand aufzubauen. Historisch gesehen haben Aktien im Laufe der Zeit eine überdurchschnittliche Rendite erzielt. Beim Investieren in Aktien ist es wichtig, ein breit diversifiziertes Portfolio zu erstellen und langfristig zu denken. Periodische Investitionen, anstatt auf kurzfristige Marktschwankungen zu reagieren, können dazu beitragen, Ihr Risiko zu reduzieren und Ihre langfristigen Ziele zu erreichen.

5.4. Ruhestandsvorsorge und langfristige Ziele

Langfristige Finanzplanung sollte auch die Vorbereitung auf den Ruhestand und andere langfristige Ziele umfassen. Investitionen in Ruhestandspläne wie 401(k) oder IRA können Ihnen helfen, ein finanziell sorgenfreies Leben im Ruhestand zu führen. Das Festlegen von langfristigen Zielen, wie dem Kauf eines Eigenheims, der Finanzierung der Ausbildung Ihrer Kinder oder der Schaffung eines Erbes, erfordert eine langfristige Perspektive und kluge Investitionen.

5.5. Kontinuierliche Überwachung und Anpassung

Die Welt der Investitionen ist dynamisch, und Ihre langfristige Finanzplanung sollte es auch sein. Es ist wichtig, Ihr Portfolio regelmäßig zu überwachen und anzupassen, um sicherzustellen, dass es Ihren Zielen und Ihrem Risikoprofil entspricht. Lebensveränderungen, wirtschaftliche Entwicklungen und Markttrends können Auswirkungen auf Ihre Investitionen haben, daher ist es entscheidend, flexibel zu bleiben und gegebenenfalls Anpassungen vorzunehmen.

5.6. Fachkundiger Rat und Bildung

Wenn Sie sich nicht sicher sind, wie Sie Ihre langfristige Finanzplanung angehen sollen, kann die Konsultation eines Finanzberaters von großem Nutzen sein. Bildung ist ebenfalls entscheidend. Je besser Sie die Welt der Investitionen verstehen, desto fundiertere Entscheidungen können Sie treffen. Es gibt eine Vielzahl von Ressourcen und Kursen, die Ihnen helfen können, Ihr Wissen über langfristiges Investieren zu vertiefen.

5.7. Freistellungsauftrag und NV-Bescheinigung

Beim langfristigen Investieren sollten Sie auch steuerliche Aspekte berücksichtigen. In Deutschland können Sie beispielsweise einen Freistellungsauftrag erteilen, um Kapitalerträge bis zu einer bestimmten Höhe von der Kapitalertragssteuer zu befreien. Dies ermöglicht es Ihnen, mehr von Ihren Erträgen zu behalten und Ihr Kapital schneller wachsen zu lassen. Zusätzlich dazu können Sie eine Nichtveranlagungsbescheinigung (NV-Bescheinigung) beantragen, wenn Sie voraussichtlich keine Steuern zahlen müssen. Dies erleichtert die Steuergestaltung Ihrer Investitionen und erhöht Ihre Erträge.

5.8. Kleines Sparen lohnt sich

Auch kleinere Beträge können langfristig erhebliche Auswirkungen auf Ihr Vermögen haben. Das sogenannte "Mikrosparen" oder das regelmäßige Sparen kleinerer Beträge kann dazu beitragen, Ihr Investitionsportfolio schrittweise aufzubauen. Dies ist besonders nützlich, wenn Sie mit begrenzten finanziellen Mitteln beginnen. Die Konstanz des Sparens kann über die Jahre hinweg beträchtliches Kapital ansammeln lassen.

Die langfristige Finanzplanung mit Schwerpunkt auf Investitionen ist ein kontinuierlicher Prozess, der Geduld, Wissen und Disziplin erfordert. Indem Sie Ihr Geld klug investieren, Ihr Portfolio diversifizieren und Ihre langfristigen Ziele im Auge behalten, können Sie einen Weg zu langfristigem Wohlstand gestalten. Denken Sie daran, dass der Schlüssel zum Erfolg in der langfristigen Perspektive liegt. Ihre Investitionen können im Laufe der Jahre exponentiell wachsen und Ihnen finanzielle Sicherheit und Freiheit für die Zukunft bieten.

Angenommen, Sie sparen jeden Monat 25 € und investieren dieses Geld in ein Anlageportfolio, das im Durchschnitt eine jährliche Rendite von 5% erzielt. Sie planen, dies über einen Zeitraum von 35 Jahren zu tun.

Um den Endbetrag zu berechnen, können Sie die Formel für zukünftigen Wert von monatlichen Einzahlungen verwenden:

FV ist der zukünftige Wert Ihres Portfolios.

PMT ist Ihre monatliche Einzahlung (25 €).

r ist die monatliche Rendite (5% geteilt durch 12 Monate, also 0,05/12).

n ist die Anzahl der Einzahlungen pro Jahr (12).

t ist die Anzahl der Jahre (35).

Setzen wir diese Werte in die Formel ein:

$$FV = PMT \times ((1+r)^{nt} - 1)/r$$

Endsumme: 25€ x ((1+0,05/12)^12 x 35 − 1) / 0,05/12

Berechnen Sie dies, und Sie erhalten:

$$\approx 29572.70€$$

Nach 35 Jahren monatlichen Sparens von 25 € bei einer durchschnittlichen jährlichen Rendite von 5% würde Ihr Portfolio voraussichtlich auf etwa 29.572,70 € anwachsen. Dies zeigt die erhebliche Wirkung von langfristigem Sparen und Investieren, selbst mit vergleichsweise kleinen monatlichen Beträgen.

Ohne Rendite bedeutet, dass Ihr Geld auf dem Sparkonto nur den ursprünglichen Betrag jedes

Monats aufnehmen würde, ohne dass es durch Zinsen wächst. In diesem Fall wäre Ihre Berechnung viel einfacher:

Monatliche Einzahlung: 25 €

Anzahl der Monate: 35 Jahre (420 Monate)

Der zukünftige Wert Ihres Portfolios ohne Rendite wäre:

$$FV = PMT \times n$$

$$FV = 25€ \times 12 \text{ (Monate)} \times 35 \text{ (Jahre)}$$

$$FV = 10.500€$$

Ohne eine jährliche Rendite von 5% würde Ihr Portfolio nach 35 Jahren monatlichen Sparens von 25 € auf 10.500 € anwachsen.

Jetzt können wir die Differenz zwischen dem Portfolio mit einer jährlichen Rendite von 5% (29.572,70 €) und dem Portfolio ohne Rendite (10.500 €) berechnen:

29.572,70 € - 10.500€ =

Differenz≈19.072,70€

Die Differenz zwischen dem Portfolio mit einer jährlichen Rendite von 5% und dem Portfolio ohne Rendite beträgt etwa 19.072,70 €. Dies verdeutlicht, wie signifikant die Rendite auf Ihre langfristigen Ersparnisse und Investitionen auswirken kann. Durch kluges Investieren können Sie Ihr Vermögen im Laufe der Zeit erheblich steigern.

Kapitel 6: Tipps für besondere Lebenssituationen

Treten Sie ein in die Welt der finanziellen Vielfalt! In diesem aufregenden Kapitel widmen wir uns den einzigartigen Lebenssituationen, die Ihre finanzielle Reise formen und Ihre Träume verwirklichen können. Ob Sie vor der aufregenden Aussicht stehen, große Anschaffungen zu tätigen, als Single Ihr Leben in vollen Zügen genießen, als Paar oder Familie gemeinsame Ziele setzen oder sich auf die Herausforderung vorbereiten, finanzielle Notfälle zu bewältigen – wir haben die Schlüssel zu Ihrer finanziellen Erfolgsgeschichte.

Tauchen Sie mit uns ein in die Welt des Sparens für große Anschaffungen, wo Ihre Träume und Wünsche Wirklichkeit werden. Erfahren Sie, wie Sie klare Ziele setzen, ein Budget erstellen und finanzielle Disziplin bewahren, um Ihre Ziele zu erreichen. Wir zeigen Ihnen, wie Sie Ihre Einnahmen steigern und klug verhandeln können, um das Beste aus Ihren Investitionen herauszuholen. Und vergessen Sie dabei nicht,

Ihren Notfallfonds zu hegen und zu pflegen, denn finanzielle Sicherheit ist der Schlüssel zu einem sorglosen Leben.

Für diejenigen, die als Singles die Welt erobern, präsentieren wir umfassende Finanzplanungstipps, die Ihnen die Freiheit geben, Ihre eigenen Entscheidungen zu treffen. Entdecken Sie, wie Sie kluge Vorsorgemaßnahmen treffen, frühzeitig in Ihre Altersvorsorge investieren und gleichzeitig Ihre finanzielle Unabhängigkeit genießen können.

In der Welt der Paare und Familien bieten wir Ihnen bewährte Strategien zur gemeinsamen Finanzplanung. Gemeinsame Budgets, Konten oder getrennte Konten – wir zeigen Ihnen, wie Sie den richtigen Weg wählen und Ihre finanziellen Ziele in Harmonie erreichen können. Die Kommunikation ist der Schlüssel zu einer starken finanziellen Partnerschaft, und wir werden Ihnen beibringen, wie Sie offen und ehrlich über Ihre Finanzen sprechen können.

Und schließlich, für den unvorhersehbaren Sturm, der das Leben manchmal mit sich bringt, haben wir einen umfassenden Leitfaden zur Bewältigung finanzieller Notfälle vorbereitet. Egal, ob es sich um einen plötzlichen Jobverlust, unerwartete medizinische Ausgaben oder andere Krisen handelt, wir zeigen Ihnen, wie Sie einen soliden finanziellen Plan entwickeln, Versicherungen klug nutzen und Schulden verwalten können, um gestärkt aus diesen Herausforderungen hervorzugehen.

Bereiten Sie sich darauf vor, Ihre finanzielle Zukunft zu gestalten und Ihre Träume zu verwirklichen. In diesem Kapitel werden Sie nicht nur nützliche Informationen finden, sondern auch Inspiration und Motivation, um Ihre finanzielle Reise mit Spannung und Vorfreude anzugehen.

Machen Sie sich bereit, denn die Welt Ihrer besonderen Lebenssituationen wartet darauf, von Ihnen erobert zu werden.

6.1 Sparen für große Anschaffungen

Das Sparen für große Anschaffungen ist eine anspruchsvolle, aber lohnende Aufgabe. Es erfordert nicht nur finanzielle Disziplin, sondern auch eine klare Strategie. Egal, ob Sie sich ein neues Auto, ein Eigenheim oder eine aufregende Reise wünschen, hier sind einige Schritte, die Ihnen auf Ihrem Weg helfen können:

Setzen Sie sich klare Ziele: Der erste Schritt besteht darin, Ihre finanziellen Ziele deutlich zu definieren. Überlegen Sie, wofür Sie sparen möchten, wie viel Sie benötigen und in welchem

Zeitrahmen Sie Ihr Ziel erreichen möchten. Dies hilft Ihnen, Ihren Sparplan zu konkretisieren.

Erstellen Sie ein detailliertes Budget: Um erfolgreich für große Anschaffungen zu sparen, müssen Sie Ihre monatlichen Einnahmen und Ausgaben genau im Blick behalten. Ein detailliertes Budget zeigt Ihnen, wie viel Geld Sie monatlich für das Sparen zur Verfügung haben, nachdem Sie Ihre Grundausgaben gedeckt haben.

Automatisches Sparen einrichten: Automatisches Sparen ist eine hervorragende Methode, um sicherzustellen, dass Sie regelmäßig Geld beiseitelegen. Richten Sie Daueraufträge von Ihrem Gehaltskonto auf ein separates Sparkonto ein, sodass Sie Ihr Sparziel nicht aus den Augen verlieren.

Steigern Sie Ihr Einkommen: Wenn Sie Ihr Sparziel schneller erreichen möchten, sollten Sie überlegen, wie Sie zusätzliches Geld verdienen können. Dies könnte bedeuten, dass Sie einen Nebenjob annehmen, freiberufliche Tätigkeiten aufnehmen oder Ihr Fachwissen und Ihre Fähigkeiten nutzen, um zusätzliche Einkommensquellen zu erschließen.

Vergleichen Sie Angebote und verhandeln Sie: Wenn es um teure Anschaffungen geht, lohnt es sich immer, Preise zu vergleichen und nach Sonderangeboten zu suchen. Darüber hinaus sollten Sie nicht zögern, zu verhandeln, um bessere Konditionen zu erhalten. Dies gilt insbesondere für den Kauf von Autos oder Immobilien.

Pflegen Sie Ihren Notfallfonds: Während Sie auf Ihr großes Ziel hin sparen, ist es wichtig, Ihren Notfallfonds aufrechtzuerhalten. Ein Notfallfonds stellt sicher, dass Sie unerwartete Ausgaben wie Autoreparaturen oder Arztrechnungen problemlos bewältigen können, ohne auf Ihr Sparbudget zurückgreifen zu müssen.

6.2 Finanzplanung für Singles

Die Finanzplanung als Single bietet sowohl Freiheiten als auch Herausforderungen. Hier sind einige ausführliche Tipps, die Ihnen helfen können, Ihre finanzielle Stabilität zu gewährleisten:

Budgetprioritäten setzen: Als Single haben Sie die Möglichkeit, Ihre finanziellen Prioritäten genau nach Ihren Wünschen zu setzen. Überlegen Sie, was Ihnen im Leben wichtig ist, sei es Reisen, Weiterbildung oder der Kauf eines Eigenheims, und planen Sie entsprechend.

Vorsorgevollmachten und Testamente: Denken Sie über die Erstellung von Vorsorgevollmachten und eines Testaments nach. Diese rechtlichen Dokumente sind wichtig, um sicherzustellen, dass Ihre finanziellen Angelegenheiten im Falle von Unfall oder Krankheit geregelt sind und Ihr Vermögen nach Ihrem Tod gemäß Ihren Wünschen verteilt wird.

Altersvorsorge nicht vernachlässigen: Selbst als Single sollten Sie frühzeitig mit der Altersvorsorge beginnen. Je früher Sie damit anfangen, Geld für den Ruhestand zu sparen, desto besser sind Ihre Chancen, im Alter finanziell abgesichert zu sein.

Notfallfonds aufbauen und pflegen: Unabhängig von Ihrem Familienstand ist ein Notfallfonds unerlässlich. Er sollte genug Geld enthalten, um mindestens drei bis sechs Monate Ihrer Lebenshaltungskosten zu decken. Damit sind

Sie für unerwartete Ausgaben, wie den Verlust Ihres Jobs oder medizinische Notfälle, gut gerüstet.

6.3 Finanzplanung für Paare und Familien

Die Finanzplanung für Paare und Familien erfordert eine gemeinsame Anstrengung und die Fähigkeit zur offenen Kommunikation. Hier sind detaillierte Tipps, die Sie auf Ihrem finanziellen Weg begleiten können:

Gemeinsames Budget erstellen: Setzen Sie sich zusammen und erstellen Sie ein gemeinsames Budget. Berücksichtigen Sie dabei beide Einkommen, Ihre Ausgaben und gemeinsamen finanziellen Ziele. Dies fördert die Transparenz und die Verantwortlichkeit in Ihrer finanziellen Partnerschaft.

Gemeinsame Konten vs. getrennte Konten: Entscheiden Sie, ob Sie gemeinsame Konten führen oder getrennte Konten behalten möchten. Dies ist eine individuelle Entscheidung, die von Ihren Bedürfnissen und Präferenzen abhängt. Einige Paare finden gemeinsame Konten effizienter, um gemeinsame Ausgaben zu verwalten, während andere getrennte Konten bevorzugen, um ihre Unabhängigkeit zu wahren.

Notfallplan erstellen: Egal, ob Sie verheiratet sind oder eine Familie haben, es ist entscheidend, einen Notfallplan zu entwickeln. Dieser Plan sollte festlegen, wie Sie finanzielle Entscheidungen im Falle eines unerwarteten Ereignisses wie Arbeitslosigkeit oder Krankheit treffen.

Klare Finanzziele festlegen: Definieren Sie gemeinsam klare Finanzziele, sei es der Kauf eines Eigenheims, die Kindererziehung oder die

Vorbereitung auf den Ruhestand. Planen Sie, wie Sie diese Ziele erreichen können, und berücksichtigen Sie dabei die Bedürfnisse aller Familienmitglieder.

Kommunikation ist der Schlüssel: Die offene und ehrliche Kommunikation ist der Schlüssel zur erfolgreichen Finanzplanung für Paare und Familien. Setzen Sie sich regelmäßig zusammen, um über Ihre finanziellen Angelegenheiten zu sprechen, und seien Sie bereit, Kompromisse einzugehen. Dies hilft, finanzielle Missverständnisse zu vermeiden und eine starke finanzielle Grundlage für Ihre Familie zu schaffen.

6.4 Finanzielle Notfälle bewältigen

Finanzielle Notf fälle können jeden treffen und erfordern eine gut durchdachte Vorbereitung sowie kluge Entscheidungen, wenn sie auftreten.

Hier sind weitere ausführliche Tipps, wie Sie finanzielle Notfälle bewältigen können:

Notfallfonds aufbauen: Ein Notfallfonds ist Ihre erste Verteidigungslinie gegen finanzielle Katastrophen. Dieser Fonds sollte genug Geld enthalten, um Ihre Lebenshaltungskosten für mindestens drei bis sechs Monate abzudecken. Dies gibt Ihnen eine wichtige Sicherheitsreserve, um unerwartete Ausgaben wie medizinische Notfälle, Reparaturen am Haus oder unvorhergesehene Arbeitslosigkeit zu bewältigen.

Versicherungen überprüfen: Eine umfassende Versicherung ist ein wichtiger Teil Ihrer finanziellen Sicherheit. Überprüfen Sie regelmäßig Ihre Krankenversicherung, Lebensversicherung, Haftpflichtversicherung und andere Versicherungen, um sicherzustellen, dass Sie ausreichend geschützt sind. Passen

Sie Ihre Versicherungspolicen gegebenenfalls an, um sich besser vor potenziellen Risiken zu schützen.

Schuldenmanagement: Im Falle eines finanziellen Notfalls ist es entscheidend, Ihre Schulden klug zu verwalten. Priorisieren Sie Schulden mit höheren Zinssätzen und versuchen Sie, monatliche Raten zu minimieren, um mehr Geld für Ihre Grundbedürfnisse und Notfallkosten zur Verfügung zu haben.

Notfallplan erstellen: Jeder in Ihrer Familie sollte wissen, was im Falle eines finanziellen Notfalls zu tun ist. Erstellen Sie einen Notfallplan, der klare Anweisungen für die Bewältigung von Krisensituationen enthält. Dies könnte die Kontaktaufnahme mit bestimmten Personen, die Nutzung von Ressourcen oder die Umsetzung vorheriger Vereinbarungen umfassen.

Professionelle Hilfe in Betracht ziehen: Wenn Sie sich in einem finanziellen Notfall befinden, zögern Sie nicht, professionelle Hilfe in Anspruch zu nehmen. Ein Finanzberater oder Schuldnerberater kann Ihnen bei der Analyse Ihrer Situation und bei der Erarbeitung eines effektiven Plans zur Bewältigung Ihrer finanziellen Schwierigkeiten helfen.

Lernen Sie aus dem Notfall: Nachdem Sie einen finanziellen Notfall bewältigt haben, nutzen Sie die Gelegenheit, um aus der Erfahrung zu lernen. Überlegen Sie, wie Sie sich in Zukunft besser vorbereiten können, sei es durch den Ausbau Ihres Notfallfonds, die Verbesserung Ihrer Versicherungsdeckung oder die Überprüfung Ihrer finanziellen Strategien.

Insgesamt ist die Bewältigung finanzieller Notfälle ein wichtiger Bestandteil einer soliden finanziellen Planung. Mit einer gut durchdachten

Vorbereitung und klugen Entscheidungen können Sie Ihre finanzielle Stabilität bewahren und sich vor den finanziellen Stürmen des Lebens schützen. Denken Sie daran, dass eine offene Kommunikation, klare Ziele und eine kluge Verwaltung Ihrer Finanzen in jeder Lebenssituation von entscheidender Bedeutung sind.

Fazit:

Abschließend möchte ich mich herzlich bei Ihnen, liebe Leserinnen und Leser, für die Zeit bedanken, die Sie meinem Buch über Haushalten und Finanzen gewidmet haben. Ich hoffe, dass Sie wertvolle Einblicke und nützliche Tipps gefunden haben, die Ihnen dabei helfen werden, Ihre finanzielle Zukunft erfolgreich zu gestalten.

Das Haushalten und die sorgfältige Verwaltung unserer Finanzen sind grundlegende Fähigkeiten, die uns in allen Lebensphasen begleiten. Sie ermöglichen es uns, unsere Ziele zu erreichen, uns vor unerwarteten Herausforderungen zu schützen und letztendlich ein Leben in finanzieller Freiheit zu führen.

Denken Sie daran, dass finanzielle Stabilität nicht über Nacht erreicht wird. Es erfordert Geduld, Disziplin und eine ständige Bereitschaft, sich weiterzuentwickeln. Ihr persönlicher finanzieller Weg ist einzigartig, und es gibt keine universelle Lösung. Seien Sie daher offen für Anpassungen und bleiben Sie motiviert, Ihre Ziele zu verfolgen.

Ich möchte Sie ermutigen, die Prinzipien, die Sie in diesem Buch gefunden haben, in Ihrem Alltag umzusetzen. Schaffen Sie ein Budget, sparen Sie für Ihre Ziele, investieren Sie in Ihre Bildung und nehmen Sie die Kontrolle über Ihre Finanzen in die Hand. Die Entscheidungen, die Sie heute treffen, werden sich langfristig auf Ihre finanzielle Gesundheit auswirken.

Abschließend möchte ich Ihnen viel Erfolg und Freude auf Ihrem finanziellen Weg wünschen. Möge dieses Buch Ihnen dabei helfen, Ihre Träume zu verwirklichen und eine solide Grundlage für eine sichere Zukunft zu legen.

Herzlichst,

Wesley Wagner